クッキングコーディネーター
浜 このみ

CONTENTS

- 1章　帰宅したらまず一品 …………………… 4
- 2章　家にもお通しがほしい ………………… 22
- 3章　てばやく たっぷり …………………… 40
- 4章　とことん満足 …………………………… 62
- 5章　もうひと口食べたい …………………… 84
- 6章　主食こそベジめし ……………………… 102
- 　　　野菜索引 …………………………… 122

COLUMN
トマトのおいしさ ぎゅっと閉じこめて………… 60

この本をお使いになる前に

- この本のレシピは基本2人分です（例外は記載しました）
- エネルギーと塩分量は1人分で計算しています
- レンジ加熱をするときはラップをかけます
- ひたし豆はゆでたものを使います
- 計量の単位と目安は下記の通りです

・1カップ……200ml　・1合……180ml
・大さじ1………15ml　・適量……好みで量を加減
・小さじ1………5ml　・お好みで‥入れなくてもOK

1章 帰宅したらまず一品

おなかすいた……
がんばった今日1日を
締めくくる夕ごはん
「すぐおいしい」ばかりを 集めました

137kcal/0.8g

トマトステーキ

トマト‥‥‥大1個
ベーコン薄切り‥‥‥3枚
オリーブ油‥‥‥大さじ1
塩・こしょう‥‥‥適量
バジル‥‥‥お好みで

1　トマトは横向きに1cm厚、ベーコンは1cm幅に切る
2　フライパンにオリーブ油を熱し、ベーコンを弱火で
　　じっくり炒めて取り出す
3　2のフライパンにトマトを入れ、両面を強火でさっと
　　焼いて、塩・こしょうする

*　トマトは焼き過ぎると形が崩れてしまうので、
　　強火で表面をさっと焼きます。

粉吹きかぼちゃ

かぼちゃ (正味)······300g
水······適量
塩、砂糖······少々
バター······10g
かぼちゃの種······お好みで

187kcal/0.6g

1　かぼちゃはところどころ皮をむいて、2cm 角に切る
2　鍋に1を入れ、かぶるくらいの水でゆでて、煮崩れしない程度にやわらかくする
3　やわらかくなったら湯を捨て、塩、砂糖を振りかけてバターをのせたら、ふたをかぶせて上下に振ってよく混ぜ合わせる

＊　かぼちゃの煮物が苦手な人も大丈夫。最後のバターが効いています。

ブロッコリーの瞬間蒸し

ブロッコリー······1/2 株
紅芯大根 or 普通の大根······50g
長芋······50g
きのこ類······50g
パプリカ······1/4 個
オリーブ油······大さじ 1/2
塩······小さじ 1/2
熱湯······1/2 カップ
オリーブ油、塩······適量

1　ブロッコリーは小房に分け、大根は5mm 厚のいちょう切り、長芋は5mm 厚、きのこ類は食べやすい大きさに、パプリカは一口大に切る
2　フライパンを熱し、1を重ならないように一面に並べたら、オリーブ油と塩を振り、熱湯を入れてふたをして強火で加熱する
3　1分たったらふたを取り、水分を飛ばす。お好みの量のオリーブ油と塩をかける

＊　瞬間で蒸すと、シャキシャキ感が残ります。

78kcal/1.5g

140kcal/1.7g

ちくわきゅうりと豆腐のポン酢がけ

ちくわ‥‥‥1本
きゅうり‥‥‥1/4本
豆腐‥‥‥1/2丁

レタス、ミニトマト、かいわれ大根
‥‥‥適量
ポン酢しょうゆ‥‥‥適量

1　きゅうりは縦に4等分して、ちくわに詰め、
　　それを2cm長に切る
2　豆腐は1cm角に切り、1とお好みの野菜
　　を盛り付け、ポン酢しょうゆをかける

＊　ポン酢しょうゆに辛子、ゆずこしょうを入れると、
　　大人の味になります。

にんじんのたらこ炒め

にんじん……100g
たらこ……40g
エリンギ……50g
酒……大さじ1
油……大さじ1
塩・こしょう……適量

1 にんじんは5cm長の千切り、エリンギは5cm長の薄切り、たらこはほぐす
2 フライパンに油を熱して、にんじんとエリンギを炒め、酒を加えてにんじんがやわらかくなるまで炒める。水分が足りなければ酒を足す
3 2の火を止めてたらこを加え、余熱で混ぜ合わせたら、塩・こしょうで味を調える

＊ ピーマンを入れて彩り豊かに。

116kcal/1.5g

きのことちくわの酒蒸し

ちくわ……1本
きのこ類……150g
酒……大さじ2
白菜キムチ……50g
かいわれ大根、しょうゆ……適量

1 ちくわは5mm厚の斜め切り、きのこ類は食べやすい大きさに切る
2 フライパンに1を入れ、酒を振りかけたら、ふたをして5分蒸す
3 白菜キムチを加えてひと混ぜし、かいわれ大根を散らして、お好みでしょうゆをたらす

99kcal/1.9g

こんがり油揚げの大根おろしのせ

油揚げ‥‥‥1枚
大根おろし‥‥‥適量
細ねぎの小口切り‥‥‥適量
しょうゆ、削り節‥‥‥適量

1 フライパンに油揚げを入れて両面をこんがり焼き、綺麗な焦げ目を付けたら食べやすい大きさに切る
2 1にたっぷりの大根おろしと細ねぎ、削り節をのせ、しょうゆをかける

* 油揚げを厚揚げに代えるとボリュームアップ。熱々を薬味たっぷりで食べるのがポイントです。

59kcal/0.4g

小松菜のシンプルきのこ炒め

小松菜‥‥‥1束
ぶなしめじ‥‥‥100g
ごま油‥‥‥大さじ1
鶏がらスープの素‥‥‥小さじ1/2
塩・こしょう‥‥‥適量
七味唐辛子‥‥‥お好みで

1 小松菜は2cm長に切り、ぶなしめじは手でほぐす
2 フライパンにごま油を熱して1を炒め、鶏がらスープの素を入れ、塩・こしょうで味を調える

* いろいろなきのこを使うと味の違いを楽しめます。

79kcal/0.5g

108kcal/0.3g

緑の生ハムロール

水菜······1/4袋
アボカド······1/2個
生ハム······大4枚
黒こしょう······お好みで
レモン汁······お好みで

水菜とアボカドは生ハムのサイズに
合わせて切り、生ハムで巻く

＊ さっぱり派はレモン汁をかけて。

191kcal/0.8g

オニオンツナの黄身のせ

玉ねぎ‥‥‥1/2個
ツナ缶‥‥‥1缶
卵黄‥‥‥2個
しょうゆ‥‥‥適量
かいわれ大根‥‥‥お好みで

1　玉ねぎを薄切りにし、ツナと合わせる
2　1を盛り、卵黄をのせて、しょうゆを回しかける

＊　たったこれだけのことなのに、クセになること間違いなし。

175kcal/0.7g

ポテチレタスサラダ

レタス……1/4 個
きゅうり……1/2 本
ポテトチップス……1/2 袋
塩……適量
マヨネーズ……大さじ 2

1　レタスは一口大にちぎり、きゅうりは輪切りにし、塩を振りかけて混ぜ合わせる
2　1にポテトチップス、マヨネーズを加え、ポテチを割りながら混ぜる

＊　ポテトチップスと野菜の相性は抜群。

ズッキーニの生サラダ

ズッキーニ……300g
ツナ缶……1 缶
マヨネーズ……大さじ 1
オリーブ油……大さじ 1
レモン汁……大さじ 1
粉チーズ……大さじ 1
塩、こしょう、しょうゆ……適量
ミニトマト……お好みで

1　ズッキーニは輪切り、太いものは半月切りにする
2　材料をすべて混ぜ合わせる

＊　ズッキーニこそ生で食べたい野菜なのです。

230kcal/1.3g

水菜とえのきの温サラダ

水菜‥‥‥1/2 束
えのきたけ‥‥‥100g
ツナ缶‥‥‥1 缶
ポン酢しょうゆ‥‥‥適量
塩・こしょう‥‥‥適量
ラディッシュ‥‥‥お好みで

1　水菜は2～3cm長に切る。えのきたけは2～3cm長に切り、電子レンジでしんなりするまで加熱する
2　1とツナを混ぜ合わせ、軽く塩・こしょうし、ポン酢しょうゆをかける

＊　えのきたけが熱いうちに水菜と混ぜると、水菜がしんなりして一体感が出ます。

110kcal/1.4g

もやしとえのきの中華和え

もやし‥‥‥1 袋
えのきたけ‥‥‥100g
ハム‥‥‥5～6 枚

　A　調味料
ごま油‥‥‥大さじ1
しょうゆ‥‥‥大さじ1
こしょう‥‥‥適量

酢‥‥‥大さじ1
白ごま‥‥‥大さじ1
ラー油‥‥‥お好みで

1　えのきたけは3cm長、ハムは千切りにする
2　もやしとえのきたけにAをかけ、レンジ加熱（500W、5分）する
3　粗熱をとった2と酢を混ぜ合わせ、ハムと白ごまを散らす

＊　青菜を加えて彩り豊かに仕上げても。
　　ラー油で、ピリッとしたおいしさをプラス。

162kcal/1.9g

141kcal/1.1g

きのこと菜花のサラダ

えのきたけ、ぶなしめじ、エリンギなど‥‥‥150g
油揚げ‥‥‥‥1/2枚
菜花‥‥‥‥適量
バター‥‥‥‥10g
塩・こしょう‥‥‥‥適量
ひたし豆‥‥‥‥適量

ポン酢しょうゆ、しょうゆ、オリーブ油‥‥‥お好みで

1　きのこ類は食べやすい大きさに、油揚げは細切り、菜花は3cm長に切る
2　耐熱皿に1とバターを入れて、塩・こしょうを振りかけ、レンジ加熱（500W、5分）する
3　2を盛り、ひたし豆を飾って好きな味付けをする

＊　もう一品ほしいときに重宝します。

にんじんと卵のサラダ

にんじん‥‥100g
ゆで卵‥‥2個
玉ねぎ‥‥1/4個
マヨネーズ‥‥大さじ2
塩、黒こしょう、しょうゆ、酢‥‥適量
付け合わせ野菜‥‥お好みで

1　にんじんは千切りにし、レンジ加熱（500W、2分）する
2　ゆで卵は細かくほぐし、玉ねぎは薄切りにする
3　1と2をマヨネーズで和え、塩、黒こしょう、しょうゆ、酢で味を調える

＊　ちょっとしんなりしたにんじんがポイント。マヨネーズを加減して黒こしょうを効かせたり、しょうゆや酢を多くしたり、味のバリエーションを楽しんで。

207kcal/1.0g

128kcal/0.5g　　　　　　　　　116kcal/0.7g

豆もやしのナムル

豆もやし‥‥1袋
ごま油‥‥大さじ1
塩‥‥適量
白すりごま‥‥大さじ2

1　豆もやしは袋ごとレンジ加熱
　　（500W、2分）する
2　1と調味料を混ぜ合わせる

＊　ビビンバの具や常備菜にも使えます。

やみつき胡麻キャベツ

キャベツ‥‥1/4個
塩・こしょう‥‥適量
和風顆粒だし‥‥小さじ1/4
白すりごま‥‥30g
七味唐辛子‥‥お好みで

1　一口大に切ったキャベツをレンジ加熱
　　（500W、3分）して、しんなりさせる
2　1を塩、こしょう、顆粒だし、白ごまと
　　混ぜ合わせる

＊　あっという間に完成、キャベツがまるごと
　　食べられます。

ほうれん草とツナのごま酢和え

ほうれん草‥‥1/2 束
ツナ缶‥‥1 缶

A 調味料
しょうゆ‥‥小さじ1
酢‥‥小さじ1
ごま油‥‥少々
白ごま‥‥大さじ1

1　ほうれん草は塩ゆでして水に取り、水気をしっかり絞って2cm長に切る
2　1とツナ、Aを混ぜ合わせる

147kcal/0.8g

にんじんのシンプルごま和え

にんじん‥‥100g
塩‥‥小さじ1/2
白すりごま‥‥大さじ2
ごま油‥‥大さじ1/2

1　にんじんは千切りにし、塩でもんでしんなりさせる
2　1をすりごまと混ぜ合わせ、ごま油をかける

119kcal/1.6g

いんげんのごま和え

いんげん‥‥100g

A 和え衣
白すりごま‥‥大さじ2
砂糖‥‥大さじ1
しょうゆ‥‥小さじ1

1　いんげんはヘタを取り、塩ゆでしたら、3cm長に切る
2　Aを混ぜ合わせ、1と和える

85kcal/0.4g

なすときゅうりの なめ茸和え

なす‥‥‥1個
みょうが‥‥‥2個
きゅうり‥‥‥1本
なめ茸‥‥‥100g

1 なすは縦半分にして斜め薄切りにし、水にさらしてあくを抜いたら、水気をぎゅっと絞る
2 みょうが薄切り、きゅうりは縦半分にして斜め薄切りにする
3 1と2、なめ茸を混ぜ合わせる

109kcal/0.7g

36kcal/2.2g

81kcal/2.4g

菜花と桜エビの 春色炒め

菜花‥‥1束
桜エビ‥‥大さじ1〜2
ごま油‥‥大さじ1
塩・こしょう‥‥適量

1 菜花は3cm長に切る
2 フライパンにごま油を熱し、1がしんなりするまで炒め、桜エビと塩・こしょうを加えてさっくり混ぜる

小松菜とちくわのわさび和え

小松菜‥‥‥1束
ちくわ‥‥‥1本
練りわさび‥‥‥小さじ1
しょうゆ‥‥‥大さじ1

1 小松菜は塩ゆでして2cm長、ちくわは輪切りにする
2 1をわさびしょうゆと和える

焼きアスパラのごま和え

アスパラガス‥‥5～6本

A 和え衣
練りごま‥‥大さじ4
砂糖‥‥大さじ2
しょうゆ‥‥大さじ1

1 アスパラガスはオーブントースターか魚焼きグリルで焼き、2～3cm長に切る
2 Aを混ぜ合わせ、1を和える

227kcal/1.3g

ちくわと長芋のたらこ和え

ちくわ‥‥1本
長芋‥‥100g
きゅうり‥‥1本
たらこ‥‥40g
オリーブ油‥‥大さじ1

1 ちくわは長さを3等分して細切り、長芋は5cm長の細切り、きゅうりは長さを4等分して細切りにする
2 たらこはほぐし、オリーブ油を混ぜる
3 1と2を混ぜ合わせる

177kcal/1.9g

いんげんのしょうが和え

いんげん‥‥100g
しょうがのすりおろし‥‥小さじ1
しょうゆ‥‥大さじ1

1 いんげんはヘタを取り、塩ゆでしたら、2cm長に切る
2 しょうがとしょうゆを混ぜ合わせ、1と和える

19kcal/1.3g

シャキシャキ水菜と卵サラダ

水菜‥‥1/2束
塩‥‥小さじ1/2
ゆで卵‥‥2個
マヨネーズ‥‥大さじ3
塩・こしょう‥‥適量

1　水菜は3cm長に切り、塩を振ってシャキシャキ感が残る程度にしんなりさせたら、水気を切る
2　ゆで卵はフォークで細かくし、1とマヨネーズで和え、塩・こしょうで味を調える

214kcal/2.4g

アスパラのにんにく炒め

アスパラガス‥‥5〜6本
にんにく‥‥1片
オリーブ油‥‥大さじ1
塩・黒こしょう‥‥適量

1　アスパラガスは1cm厚の斜め切り、にんにくは薄切りにする
2　フライパンにオリーブ油を熱し、1を入れて、強火で一気に炒める
3　黒こしょうを振り、塩で味を調える

66kcal/0.5g

レタスと韓国のりサラダ

レタス‥‥1/4個
韓国のり‥‥適量
ごま油‥‥大さじ1
酢‥‥大さじ1/2
しょうゆ‥‥大さじ1/2
白すりごま‥‥大さじ2

1　レタスは一口大にちぎり、ごま油で和えてから、酢としょうゆで味を付ける
2　ちぎった韓国のりとすりごまをかける

122kcal/0.8g

2章　家にもお通しがほしい

まったりするなら
だんぜん家飲みがおすすめ
野菜のおつまみ召し上がれ

ねぎのいかだ焼き
たたき梅と針しょうが添え

長ねぎ‥‥1本
梅干し‥‥1個
削り節‥‥3g
みりん‥‥大さじ1
針しょうが‥‥大さじ1

1　長ねぎは5cm長に切って、フライパンで焼目を付ける
2　梅肉、削り節、みりんを混ぜ合わせる
3　1に2をのせ、針しょうがを飾る

＊　食欲を刺激してくれるので、夏バテ気味の時にはぴったり。

49kcal/0.6g

141kcal/0.7g

焼きなすとヨーグルトソース

なす‥‥2個
オリーブ油‥‥大さじ1

A ヨーグルトソース
プレーンヨーグルト‥‥大さじ2
オリーブ油‥‥大さじ1
しょうゆ‥‥大さじ1/2
にんにくのすりおろし‥‥小さじ1

1 なすは半分に切って皮に切れ目を入れ、フライパンに皮目を下にして並べたら、オリーブ油をかけ、ふたをして両面焼く
2 Aを混ぜ合わせる
3 1の粗熱が取れたら、2をかける

* ヨーグルトソースは万能ソースです。
揚げ物やサラダにぜひかけて。

98kcal/1.2g　　　152kcal/3.4g

ピーマンのシラス炒め

ピーマン‥‥4個
シラス‥‥50g
ごま油‥‥大さじ1
黒こしょう‥‥適量
しょうゆ‥‥適量

1　ピーマンを1cm幅に切る
2　フライパンにごま油を熱し、1を炒めて黒こしょうを振る
3　少ししんなりしたら、鍋肌からしょうゆを入れ、シラスを加えて手早く混ぜ合わせる

＊　緑と白がきれいな一品です。
　　シラスを炒めすぎないように。

セロリのカリカリジャコ炒め

セロリの茎‥‥300g
ちりめんじゃこ‥‥30g
油‥‥大さじ1

A 調味料
酒、みりん‥‥各大さじ1
しょうゆ‥‥大さじ1と1/2
塩・こしょう‥‥適量
ラー油‥‥お好みで

1　セロリの茎は硬い部分の皮をむき、斜め薄切りにする
2　フライパンに油を熱し、1を炒めてAで味を付ける
3　2を盛り付け、オーブントースターでカリカリに焼いたちりめんじゃこをのせる

＊　カリカリにしたちりめんじゃこは、
　　サラダや冷やっこにのせても。

176kcal/0.5g

長芋ステーキ

長芋‥‥200g
オリーブ油‥‥大さじ2
塩・黒しょう‥‥適量
付け合わせ野菜‥‥お好みで

1 長芋は皮付きのまま、1.5cm厚の斜め厚切りにする
2 フライパンにオリーブ油を熱し、1を両面に焦げ目を付けたら、ふたをしてほくほくになるまで弱火で焼き、塩・黒こしょうする
3 長芋を取り出した後のフライパンで、お好みの付け合わせ野菜を焼く

コンビーフキャベツ炒め

キャベツ‥‥1/4 個
コンビーフ‥‥1 缶
ごま油‥‥大さじ 1
鶏がらスープの素‥‥小さじ 1/4

1 フライパンにごま油を熱し、コンビーフがパラパラになるまで炒める
2 1cm 幅の細切りにしたキャベツを加えて鶏がらスープの素を振り入れ、よく混ぜながら炒める

＊ コンビーフの塩味だけで十分。
　中華系のスープの素を入れて、さらに食べやすく。

180kcal/0.9g

なすとピーマンの韓国炒め

なす‥‥2 個
ピーマン‥‥1 個
ごま油‥‥大さじ 1

A 韓国タレ
しょうゆ、酢‥‥各大さじ 1
砂糖、ごま油‥‥各大さじ 1/2
コチジャン‥‥大さじ 1
にんにくのみじん切り‥‥小さじ 1
長ねぎのみじん切り‥‥大さじ 1
白ごま‥‥大さじ 1

1 なすは縦半分に切って、皮目に切り込みを入れ、ピーマンは種を取って縦4等分に切る
2 フライパンにごま油を熱し、1の表面を強火で焼いたら、ピーマンだけ取り出し、なすはふたをして弱火で蒸し焼きにする
3 Aを混ぜ合わせ、2にかける

＊ 肉や野菜に合うタレです。
　コチジャンの分量はお好みで加減して。

156kcal/2.9g

210kcal/1.0g

白菜と厚揚げのオイスターソース炒め

白菜‥‥300g
厚揚げ‥‥150g
にんにく‥‥1片
ごま油‥‥大さじ1
オイスターソース‥‥大さじ1強
酒‥‥大さじ1強
糸唐辛子‥‥お好みで

1　白菜は一口大、厚揚げとにんにくは薄切りにする
2　フライパンにごま油を熱し、にんにくと白菜を炒めたら、厚揚げと調味料を入れて炒め合わせる

＊　厚揚げを炒めるとこくが出て、白菜がもっとおいしく。ピーマンやきのこが入れば、彩りや栄養のバランスがさらにアップ。

284kcal/1.6g

ごぼうとにんじんのマヨネーズ炒め

ごぼう‥‥1本
にんじん‥‥50g
マヨネーズ‥‥大さじ2
酒‥‥大さじ1
ツナ缶‥‥1缶
塩・こしょう‥‥適量
白ごま‥‥適量

1 ごぼうとにんじんはピーラーで薄切りにし、にんじんはそのまま、ごぼうはさっと水で洗う
2 フライパンにマヨネーズを入れて1を炒め、酒を加えてごぼうがやわらかくなるまで炒める
3 2にツナを入れて混ぜ、塩・こしょうで味を調えたら、白ごまを振りかける

＊ マヨネーズは、油で炒めるよりこくが出ます。

ズッキーニの油みそ

ズッキーニ‥‥大1本
玉ねぎ‥‥1/2個
にんにく‥‥1片
パプリカ‥‥少々
ごま油‥‥大さじ1

A 調味料
みそ‥‥大さじ2
砂糖‥‥大さじ2
酒‥‥大さじ1

1　ズッキーニは乱切り、玉ねぎは縦4等分してさらに横半分に切り、にんにくは薄切り、パプリカは1cm角に切る
2　フライパンにごま油を熱し、にんにくを弱火で炒めたら、強火でズッキーニと玉ねぎを炒める
3　2がしんなりしたら、パプリカとAを加えてひと混ぜする

＊　ズッキーニは油と相性抜群です。

174kcal/2.3g

じゃがいもとセロリの
シャキシャキ炒め

じゃがいも‥‥2個
セロリ‥‥1本
にんじん‥‥少々
ごま油‥‥大さじ2

A 調味料
酒、みりん‥‥各大さじ1
薄口しょうゆ‥‥大さじ1と1/2
塩・こしょう‥‥適量

1　じゃがいもは千切りにし、水にさらして水気を切る。セロリは筋を取って千切り、にんじんは千切りにする
2　フライパンにごま油を熱し、1を炒めてAで味を付ける

＊　シャキシャキ感を残すには、千切りを細く。

277kcal/4.0g

大根とにんじんの薄切り煮

大根‥‥300g
にんじん‥‥50g
ホタテ缶‥‥小1缶
ごま油‥‥小さじ1

A 調味料
酒、みりん、薄口しょうゆ　各大さじ1

七味唐辛子‥‥お好みで

1　大根とにんじんは2〜3mm厚のいちょう切りにする
2　フライパンにごま油を熱して1を炒め、少々焦げ色が付いたら、ホタテ缶を汁ごと入れ、Aを加えて汁気が少し残るまで煮る

121kcal/1.8g

＊　ホタテ缶の汁がだし代わり、薄く切って煮る時間を短縮します。

甘くないキンピラごぼう

ごぼう‥‥1本
にんじん‥‥20g
ごま油‥‥大さじ1
酒、水‥‥各1/4カップ
薄口しょうゆ‥‥小さじ2
塩・こしょう‥‥適量
白ごま‥‥適量

1　ごぼうは5cm長の千切りにし、切りながら酢水につける
2　フライパンにごま油を熱し、酢水から上げてさっと水洗いした1を炒める
3　ごぼうがしんなりしたら、千切りしたにんじんを入れて炒め、酒と水を加えて、水気がなくなるまでふたをして煮る
4　薄口しょうゆと塩・こしょうで味を付け、白ごまと混ぜ合わせる

196kcal/1.5g

＊　彩りがきれいな目安は、ごぼうとにんじんの割合が9対1。

115kcal/3.3g

キャベツと厚揚げのさっと煮

キャベツ‥‥1/4 個
厚揚げ‥‥1/2 枚

A 煮汁
だし汁‥‥1 カップ
しょうゆ‥‥大さじ 1 と 1/2
みりん‥‥大さじ 1
酒‥‥大さじ 1

七味唐辛子‥‥お好みで

1 キャベツは 1cm 幅、厚揚げは 5mm 幅に切る
2 フライパンにAを煮立て、1を入れて、汁が少し残る程度まで煮る

菜花とホタテのすし酢和え

菜花‥‥1束
ホタテ缶‥‥小1缶
すし酢‥‥大さじ2

1 菜花は塩ゆでして水気を切り、5cm長に切る
2 ホタテ缶の汁も含めて、全部の材料を混ぜ合わせる

51kcal/1.4g

白髪ねぎとひたし豆の変わり和え

長ねぎ‥‥1/2本
ひたし豆‥‥1/2カップ
ポン酢しょうゆ‥‥適量

1 長ねぎは白髪ねぎにする
2 1とひたし豆を混ぜ合わせ、ポン酢しょうゆをかける

50kcal/0.7g

ぶなしめじと鶏ささみの辛子マヨネーズ和え

ぶなしめじ‥‥200g
鶏ささみ‥‥2本
辛子マヨネーズ‥‥大さじ3
塩・こしょう‥‥適量

1 ぶなしめじは大きくほぐし、鶏ささみは塩と酒(分量外)を振りかけて、レンジ加熱(500W、5分)する
2 1をほぐして辛子マヨネーズで和え、塩・こしょうで味を調える

181kcal/0.9g

キヌサヤのクリームチーズ和え

キヌサヤ or スナップエンドウ‥‥100g

A 和え衣
クリームチーズ‥‥100g
白ワイン‥‥大さじ1
塩‥‥少々
砂糖‥‥小さじ1

1 キヌサヤはヘタと筋を取り、塩ゆでしたら、斜め半分に切る
2 クリームチーズを常温でやわらかく戻したらAを混ぜ合わせ、1と和える

202kcal/1.3g

きゅうりとアボカドのチーズ和え

アボカド‥‥1個
オリーブ油‥‥大さじ1
レモン汁‥‥大さじ1
きゅうり‥‥1本
塩‥‥小さじ1/4
カッテージチーズ‥‥100g
しょうゆ‥‥少々

1 アボカドは1cm角に切り、オリーブ油とレモン汁をかけて混ぜる
2 きゅうりは縦半分にして種を取り、さらに縦半分にしたら1cm幅に切って塩をし、水気を絞る
3 1と2、カッテージチーズを混ぜ合わせ、しょうゆを加える

267kcal/1.1g

138kcal/2.9g

にらとタコの辛子酢みそ和え

ボイルタコ‥‥150g
にら‥‥1束
えのきたけ‥‥100g

A 和え衣
みそ‥‥大さじ2
砂糖‥‥大さじ1
酢‥‥小さじ2
練り辛子‥‥適量

1 にらとえのきたけは2cm長に切って、一緒にレンジ加熱（500W、5分）する
2 タコはぶつ切り、Aは混ぜ合わせる
3 1と2を和える

なすとししとうの炒め煮

なす‥‥4個
ししとう‥‥4本
油‥‥大さじ1
にんにく‥‥1片
赤唐辛子‥‥1本

A 調味料
だし汁‥‥1/2カップ
酒‥‥大さじ2
しょうゆ‥‥大さじ2
砂糖‥‥大さじ1

1　なすはヘタを残して、縦に切り込みを入れる。にんにくは薄切り、赤唐辛子は種を出す
2　フライパンに油を熱し、にんにくと赤唐辛子を弱火で炒めたら、強火でなすの表面を焼く
3　2にAを加え、なすがやわらかくなるまで煮たら、ししとうを加える

＊　冷蔵庫で味をしみ込ませるとおいしさアップ。

144kcal/2.7g

白菜とベーコンの蒸し焼き

64kcal/0.6g

白菜‥‥300g
ベーコン薄切り‥‥2枚
しょうゆ‥‥少々

1　白菜は一口大、ベーコンは5cm長に切り、フライパンに入れてふたをし、中火にかける
2　白菜がしんなりしてきたら混ぜ合わせ、しょうゆをたらす

もやしの中華あんかけ

もやし‥‥1袋
ごま油‥‥大さじ1
しょうゆ‥‥小さじ1
中華スープ‥‥1/2カップ
水溶き片栗粉‥‥大さじ2
（水：片栗粉は2：1）
細ねぎ‥‥適量

1 フライパンにゴマ油を熱し、もやしを強火で炒める
2 少ししんなりしたら中華スープとしょうゆを加えて煮て、しんなりしたら水溶き片栗粉でとろみを付ける
3 小口切りの細ねぎを散らす

82kcal/0.4g

＊ もやしだけなのに、ふかひれ煮込みを思わせる味です。

282kcal/1.5g

インディアンポテト

じゃがいも‥‥2個
ベーコン薄切り‥‥5枚
ピーマン‥‥1個
カレー粉‥‥小さじ2
塩‥‥適量
オリーブ油‥‥大さじ1

1 じゃがいもは皮のまま5mm厚に切り、レンジ加熱（500W,4分）する
2 ベーコンは2cm幅、ピーマンは一口大に切る
3 フライパンにオリーブ油を熱したらベーコンを炒め、じゃがいもとピーマンを炒め合わせる
4 3にカレー粉を振り入れ、塩で味を調える

270kcal/1.7g

トマトとブルーベリーの前菜ブルスケッタ

ミニトマト‥‥150g
ブルーベリー‥‥50g
枝豆の豆‥‥50g
オリーブ油‥‥大さじ1
にんにく‥‥1片
塩・こしょう‥‥適量

フランスパン‥‥1/2本
粉チーズ‥‥適量

1 ミニトマトは半分に切り、枝豆はゆでて豆を出す
2 フライパンにオリーブ油を熱し、みじん切りしたにんにくを軽く炒め、1とブルーベリーを入れて、あまり動かさないように炒める
3 トマトが少ししんなりしたら、塩・こしょうで味を調える
4 1cm厚に切り、トーストしたフランスパンに3をのせ、粉チーズを振りかける

* トマトの形が残るように、炒め過ぎないこと。

白菜ボートのプルーン肉みそのせ

白菜‥‥150g
豚ひき肉‥‥200g
プルーン生 or ドライ‥‥4〜5個
ごま油‥‥大さじ1
信州みそ、酒‥‥各大さじ1
白菜の芯の黄色い部分‥‥適量

1　白菜は1cm角、プルーンは種を除いて1cm角に切る
2　フライパンにごま油を熱してひき肉を炒め、1を加える
3　白菜がしんなりしたら、みそと酒を加えて炒め合わせる
4　白菜の芯の黄色い部分をボートに見立て、3をのせる

＊　白菜の芯の黄色い部分をぜひ生で食べてください。

347kcal/1.2g

セロリと干し柿の前菜

セロリ‥‥1/4本
塩‥‥少々
干し柿‥‥1個

1　セロリは5cm長の短冊に切り、軽く塩をしてしんなりさせる
2　1の上に縦に薄切りにした干し柿をのせる

＊　食感も味も全く違うせいか、干し柿の新しいおいしさに目覚めます。

71kcal/0.5g

3章 てばやく たっぷり

炒める！焼く！蒸す！
スピード料理の定番で
おなかいっぱい食べましょう

250kcal/1.2g

にらと牛肉のスタミナ炒め

にら……1束
牛肉切り落とし……100g

A 下味
しょうゆ、酒、かたくり粉……各大さじ1/2

にんじん……50g
にんにく……1片
塩・こしょう……適量
ごま油……大さじ1

1. にらは3～4cm長、にんじんは5cm長の千切り、Aで牛肉に下味を付ける
2. フライパンにごま油を熱し、薄切りにしたにんにくを炒め、香りが出たら肉とにんじんを入れる
3. 肉に8割ほど火が通ったら、にらを加えて素早く炒め合わせ、塩・こしょうで味を調える

293kcal/1.5g

きゅうりと牛肉コンビ炒め

牛肉薄切り……100g

A 下味
酒……大さじ1/2
しょうゆ……大さじ1/2
片栗粉……少々

きゅうり……1本
塩・こしょう……適量
ごま油……大さじ1
にんにく……1片
ごま油……大さじ1
しょうゆ……少々
糸唐辛子……お好みで

1. きゅうりは縦に4等分してから種を取り、横に4～5つに切る。牛肉は1cm幅に切り、Aで下味を付ける
2. フライパンにごま油を熱し、きゅうりを炒め、塩・こしょうして取り出す
3. 2のフライパンにごま油を足して薄切りしたにんにくを弱火で炒め、香りが出たら強火にして牛肉を炒める
4. 肉の色が変わったら2を戻し、塩・こしょう、しょうゆで味を調える

＊ きゅうりの食感を残すには、炒め過ぎないこと。牛肉をさっぱり食べられる意外な組み合わせです。

413kcal/1.6g

凍み豆腐のハンバーグ

凍み豆腐‥‥1個
豚ひき肉‥‥200g
塩・こしょう‥‥適量
卵‥‥1/2個
長ねぎ‥‥1/2本
ごま油‥‥大さじ1

A 調味料
マヨネーズ、トマトケチャップ
とんかつソース‥‥‥‥各大さじ1

1 凍み豆腐はぬるま湯で戻したら、軽く湯を絞り、細かく切る
2 ひき肉は塩・こしょうして練る
3 2に1、溶き卵、みじん切りした長ねぎ、Aを入れてよく混ぜ合わせ、4等分して円盤形に丸める
4 フライパンにごま油を熱して3を並べ、強火でふたをして両面こんがり焼いたら、中火で5〜6分焼く

498kcal/1.4g

肉巻きレタス

レタスの葉‥‥4枚
鶏がらスープの素‥‥大さじ1
豚バラ肉薄切り‥‥200g
塩・こしょう‥‥適量
ごま油‥‥大さじ1

1 レタスの葉の内側に鶏がらスープの素を振りかけ、1枚の葉を8cm長の棒状にくるくる巻く
2 塩・こしょうした豚バラ肉で、1を包む
3 フライパンにごま油を熱し、2の全面を強火で焼き、食べやすいように半分に切る

＊ 肉のカリカリ感と、レタスから出る油が絶品です。

ピーマンと鶏肉の照り焼き

鶏もも肉‥‥300g
油‥‥大さじ1/2
しょうゆ、みりん‥‥各大さじ2
砂糖‥‥大さじ1/2
ピーマン‥‥3個
にんじん‥‥30g

1 鶏肉は一口大に切って、塩・こしょう（分量外）する。ピーマンは一口大の乱切り、にんじんは縦半分にして斜め薄切りにする
2 フライパンに油を熱し、鶏肉を皮から焼いて、両面焼き付ける
3 2にしょうゆ、みりん、砂糖を絡ませ、ピーマンとにんじんを炒め合わせる

396kcal/2.8g

396kcal/3.6g

タコライス風きのこの肉みそ

豚ひき肉……200g
にんにく……1片
ごま油……大さじ1
えのきたけ……100g
ぶなしめじ……100g
エリンギ……50g
さやいんげん……20g

A りんごソース
りんごジュース……大さじ5
みそ……大さじ1
しょうゆ……大さじ2

細切りチーズ、レタス、ミニトマト
など……………お好みで

1. えのきたけとぶなしめじは2cm長、エリンギとさやいんげんは1cm角に切る
2. フライパンにごま油を熱し、みじん切りしたにんにくと豚ひき肉を炒める
3. 肉の色が変わったら、きのこ、さやいんげんを加え、きのこがしんなりするまで炒める
4. Aの材料をよく混ぜ合わせて3に加え、汁気がほぼなくなるまで炒め煮する

* りんごジュースの甘みと酸味と、つなぎの働きをするきのこがポイント。

467kcal/2.4g

セロリの肉みそ炒め

セロリ……1本
豚ひき肉……200g
みそ……大さじ2
ごま油……大さじ1
木綿豆腐……1丁
糸唐辛子……お好みで

1 セロリは硬い部分の皮をむき、斜め薄切り、豆腐はさいの目に切る
2 フライパンにごま油を熱し、豚ひき肉をしっかりと炒めたら、みそを入れて混ぜ合わせる
3 2にセロリを入れ、しんなりするまで炒める
4 豆腐を盛って3をかける

＊ セロリの葉も一緒に炒めて、さっぱりした味わいに。

れんこん餃子

<4人分>
れんこん‥‥50g
キャベツ‥‥1/4個
にら‥‥1/2束
長ねぎ‥‥1/4本
豚ひき肉‥‥100g
しょうがのすりおろし‥‥1かけ分

A 調味料
しょうゆ‥‥大さじ1/2
ごま油、酒‥‥各大さじ1/2
砂糖‥‥小さじ1
塩・こしょう‥‥適量

餃子の皮‥‥20枚くらい
油‥‥大さじ2

1　れんこんは皮をむいて粗みじん切りして酢水にさらし、あくを取って水気を切る
2　キャベツは粗みじん切りして、塩（分量外）をしてしんなりさせたら、ぎゅっと絞る。にらは1cm長、長ねぎはみじん切りにする
3　豚ひき肉、1と2、すりおろしたしょうが、Aをよく混ぜ合わせて餃子の皮で包み、フライパンで焼く

＊　れんこんのシャキシャキ感がアクセントです。

312kcal/0.6g

167kcal/1.0g

鶏肉の大葉包み焼き

大葉‥‥10枚
ごま油‥‥大さじ1

A 鶏団子
鶏ひき肉‥‥100g
長ねぎ‥‥1/4本
酒、みりん、しょうゆ‥‥各小さじ2

1 長ねぎをみじん切りにし、Aを混ぜ合わせ、10等分して大葉で包む
2 フライパンにごま油を熱し、1を並べてふたをして、両面を焼く

なめ茸焼売

A 具
なめ茸‥‥50g
豚ひき肉‥‥150g
コーン‥‥30g
片栗粉‥‥大さじ1

焼売の皮‥‥1/2袋(15枚)
白菜 or キャベツ‥‥適量

1 Aを混ぜ合わせ、焼売の皮で包む
2 耐熱皿に一口大にちぎった葉菜を敷いて1をのせ、レンジ加熱(500W、5分)する

315kcal/1.2g

なすとコーンのレンジ肉団子

<4人分>
とうもろこし‥‥1本
（orコーン缶100g）
なす‥‥1個
片栗粉‥‥大さじ3

A 肉団子
豚ひき肉‥‥300g
長ねぎのみじん切り‥‥大さじ3
卵‥‥1個
塩・こしょう‥‥適量

1　とうもろこしは包丁で実をこそげ、なすは5mm角に切り、一緒に片栗粉をまぶす
2　Aをよく混ぜ、さらに1と混ぜ合わせて、直径2〜3cmの団子にする
3　2を半量ずつ皿に放射状に並べ、レンジ加熱（500W、表と裏とで2分ずつ）する

273kcal/0.4g

おさつとエリンギの
ガーリック炒め

さつまいも‥‥200g
エリンギ‥‥100g
にんにく‥‥1片
赤唐辛子‥‥適量
オリーブ油‥‥大さじ2〜3
パセリ‥‥1/4袋

A 調味料
鶏がらスープの素‥‥小さじ1/2
しょうゆ‥‥小さじ1
塩・こしょう‥‥少々

1　さつまいもは2cm角に切り、水にさらしてレンジ加熱（500W、3分）し、やわらかくする
2　エリンギは縦4等分にして4cm長、にんにくは千切り、赤唐辛子は輪切りにする
3　フライパンにオリーブ油の半量を熱し、にんにくと赤唐辛子を弱火で炒めて香りが出たらエリンギと1、残りのオリーブ油とAも入れ全体に焦げ色が付くまで炒める
3　みじん切りしたパセリを和える

269kcal/1.5g

297kcal/2.4g

なすの中華風春雨炒め

なす‥‥3個
春雨‥‥50g
豚ひき肉‥‥100g
青梗菜‥‥1株
しょうが‥‥1かけ
長ねぎ‥‥10cm
ごま油‥‥大さじ1
水‥‥1カップ
鶏がらスープの素‥‥大さじ1/2
オイスターソース‥‥大さじ1
塩・こしょう‥‥適量

1 なすは一口大の乱切りにして、油（分量外）を少しかけてレンジ（500W、3分）加熱する
2 春雨は少し硬めにさっとゆで、青梗菜は縦6〜8等分して長さを半分に切る しょうがと長ねぎはみじん切りにする
3 フライパンにごま油を熱し、しょうがと長ねぎを弱火で炒め、香りが出たら強火にして豚ひき肉を炒める
4 3に水と鶏がらスープの素を入れてひと煮立ちしたら、なす、春雨、青梗菜の株の部分を入れて炒め煮する
5 オイスターソースと塩・こしょうで味を調え、青梗菜の葉の部分を加えてひと煮立ちする

171kcal/1.0g

レタスとエビの炒め物

ブラックタイガー‥‥8尾
レタス‥‥4枚
ぶなしめじ‥‥100g
しょうが‥‥1かけ
酒‥‥大さじ1
塩・こしょう‥‥適量
油‥‥大さじ1

1 ブラックタイガーは片栗粉（分量外）で洗って、殻と背ワタを取り、酒と塩（分量外）少々で下味をつけ、片栗粉（分量外）をまぶす
2 フライパンに油を熱し、千切りしたしょうがを弱火で炒めたら、エビとほぐしたぶなしめじを加えて強火で炒める
3 2に大きくちぎったレタスを加え、酒を回し入れて塩・こしょうし、全体を大きく混ぜてレタスに火が通らないうちに火を止める

177kcal/1.5g

ちくわ団子と野菜の串刺し

ちくわ‥‥1本

A 肉ダネ
豚ひき肉‥‥30g
長ねぎのみじん切り‥‥大さじ1
塩・こしょう‥‥適量
片栗粉‥‥少々

ごま油‥‥大さじ1
ミニトマト‥‥4個
ブロッコリー‥‥適量

1 ちくわは縦に切り込みを入れて、混ぜ合わせたAを詰め、8等分に切る
2 フライパンにごま油を熱し、1をこんがりと焼く
3 串に2、塩ゆでしたブロッコリー、ミニトマトの順に刺す

200kcal/2.2g

セロリの葉とスルメイカの炒め物

スルメイカ‥‥1杯
セロリの葉と細い茎‥‥2本分
パプリカ‥‥1/4個
ごま油‥‥大さじ1
しょうゆ、酒‥‥各大さじ1
しょうがのすりおろし‥‥小さじ1

1 イカはワタ（内蔵）を取り出し、身を1cm幅の輪切りにする。ゲソも食べやすい大きさに切る
2 フライパンにごま油を熱し、ざく切りにしたセロリを炒めてしんなりしたら、1のイカとワタを加えて炒め合わせる
3 2に千切りしたパプリカを加え、酒、しょうゆ、しょうがで味を付ける

＊ イカワタはコクと深みが出る最高の調味料。セロリの葉と細い茎をイカワタで炒めます。

ピーマンの
コーンおから詰め焼き

ピーマン‥‥2個
おから‥‥100g
コーン‥‥30g
マヨネーズ‥‥大さじ2
塩・こしょう‥‥適量
オリーブ油‥‥大さじ2
しょうゆ‥‥お好みで

1　ピーマンは半分に切って種を取る
2　おから、コーン、マヨネーズを混ぜ、塩・こしょうしたら、1に詰める
3　フライパンにオリーブ油を熱し、2のおから部分を下にしてこんがり焼いたら、ひっくり返してふたをし、じっくり蒸し焼きにする

274kcal/1.0g

ほうれん草の彩りバター炒め

ほうれん草‥‥1束
ベーコン薄切り‥‥3枚
コーン‥‥50g
バター‥‥10g
しょうゆ‥‥少々
塩・こしょう‥‥適量

1. ほうれん草は塩ゆでして水に取り、水気を絞って5cm長に、ベーコンも5cm長に切る
2. フライパンにバターとベーコンを入れ、ベーコンの油を出すように焼き付ける
3. 2にほうれん草、コーンを炒め合わせ、鍋肌からしょうゆを少々たらして塩・こしょうで味を調える

155kcal/1.3g

小松菜とベーコンのミルク炒め

小松菜‥‥1束
ベーコン薄切り‥‥3枚
オリーブ油‥‥大さじ1

A 調味料
牛乳‥‥1/2カップ
鶏がらスープの素‥‥小さじ1
塩・黒こしょう‥‥適量

水溶き片栗粉‥‥大さじ1
(水:片栗粉は2:1)

1. 小松菜は3cm長、ベーコンは5cm長に切る
2. フライパンを熱してオリーブ油とベーコンを入れる
3. ベーコンの油が出たら、小松菜とAを加えて、小松菜がしんなりするまで炒め、水溶き片栗粉でとろみを付ける

149kcal/1.7g

140kcal/0.1g

146kcal/0.6g

卵黄バターとアスパラソテー

アスパラガス……4本
オリーブ油……大さじ1
卵黄……1個
バター……10g
塩……適量

1　フライパンにオリーブ油を熱し、丸ごとのアスパラガスを転がしながらじっくり焼き、塩を振る
2　バターはレンジ加熱で溶かし、卵黄と混ぜる
3　1に2をかける

焼きねぎの卵黄バターがけ

長ねぎ……1本
オリーブ油……大さじ1
卵黄……1個
バター……10g
塩・こしょう……お好みで

1　長ねぎは5cm長の筒切りにする
2　フライパンにオリーブ油を熱し、1を強火で炒めて塩・こしょうを振りかける
3　バターはレンジ加熱で溶かし、卵黄と混ぜる
4　2に3をかける

140kcal/1.8g

アスパラガスと筍のキンピラ

アスパラガス‥‥‥5～6本
筍‥‥‥100g
ごま油‥‥‥大さじ1

A 調味料
しょうゆ、砂糖、みりん、酒
‥‥‥‥‥‥‥各大さじ1

塩‥‥適量
七味唐辛子‥‥お好みで

1 アスパラガスは縦半分に切って5cm長に切る
2 筍は5cm長の薄切りにする
3 フライパンにごま油を熱して1と2を炒め、Aを加えて汁気がなくなるまで炒め、塩で味を調える

* 旬の組み合わせです。
アスパラガスのおいしさが引き立ちます。

なすとさつまいもの簡単チーズ焼き

335kcal/1.1g

なす……2個
さつまいも……200g
オリーブ油……大さじ2
塩・こしょう……適量
ピザ用チーズ……50g

1. なすは1cm厚の輪切り、さつまいもは1cm厚の半月切りにして水にさらし、レンジ加熱（500W、3分）でやわらかくする
2. グラタン皿に1を並べて塩・こしょうし、オリーブ油を振りかけ、チーズをのせて、オーブントースターで焼く

* さつまいもの甘さと淡泊ななすがぴったりな、不思議なコンビ。

264kcal/2.0g

ブロッコリーのみそマヨグラタン

ブロッコリー……1株
ピザ用チーズ……適量

A みそマヨソース
ツナ缶……1缶
みそ……大さじ1
マヨネーズ……大さじ2
砂糖……大さじ1/2

1. ブロッコリーは小房に分け、しばらく水に浸してから塩ゆでする
2. Aを混ぜ合わせる
3. 耐熱皿に1、2、チーズの順にのせ、オーブントースターで焦げ色が付くまで焼く

* みそマヨソースの代わりに、たらこマヨソースでも。

ズッキーニのチーズ焼き

ズッキーニ‥‥‥中2本
ベーコン薄切り‥‥‥40g
ミニトマト‥‥‥4個
オリーブ油‥‥‥大さじ1
塩・こしょう‥‥‥適量
ピザ用チーズ‥‥‥50g

1　ズッキーニは5mm厚の輪切り、ベーコンは1cm幅、ミニトマトは半分に切る
2　フライパンにオリーブ油を熱してベーコンをよく炒め、ズッキーニを加えて炒めたら塩・こしょうし、最後にトマトを加えてひと混ぜする
3　2を耐熱容器に入れ、チーズをかけて、オーブントースターでチーズがこんがりするまで焼く

247kcal/1.5g

トマトのおいしさぎゅっと閉じこめて

野菜のなかでもトマトは特別です。

トマトはそのまま食べるより、調理したほうが絶対においしいと思っています。
なので、トマトがたくさん収穫できたときには、なるべく加工してしまうようにしています。加工する時は少し大変でも、その後の料理が簡単にできるように工夫しておけば、「作っておいてよかった」「あってよかった」と思える瞬間を何度も経験しているからです。

トマトソースは、パスタはもちろん、リゾット、グラタン、肉との煮込み料理、魚のソースに、本当に万能です。
私は、生のトマトを大根おろしのようにすりおろす手法をよく使いますが、トマトソースもこの方法で、皮も種もすべてを使ってソースにしています。たくさん作って冷凍しておくと、とっても便利。このトマトソースを使った料理のフレッシュ感は、手作りならではのおいしさです。

ドライトマトは、時間はかかるもののオーブンに入れておくだけで簡単に作れます。
オイル漬けにして、冷蔵庫に入れておけば、数か月は保存できます。そのままおつまみにしたり、ドレッシング代わりにサラダに使ったり、パスタと和えたり。こちらも使い道はたくさんあります。
それに、ドライトマトの瓶詰をプレゼントすると、とても喜んでもらえるのです。
たくさんのミニトマトがあるときには、ぜひこまめにオーブンに入れてドライトマトにしてしまいましょう。

冷蔵庫や冷凍庫にたくさん、トマトの加工品が入っていると、とても豊かな気持ちになります。
さあ、今日はトマトを何に変身させようかな？

ドライトマトのオイル漬け

ミニトマト……20個
塩……適量

オリーブ油……適量
にんにく……適量
ローリエ……適量

1　オーブンの天板にクッキングシートを敷き、横半分に切ったトマトを切り口を上にして並べ、塩をふりかける
2　200度に予熱したオーブンで約30分焼き、そのまま冷やす
3　瓶に、2とオリーブ油、薄切りしたにんにく、ローリエを入れて漬け込む

ベーシックトマトソース

トマト……800g
にんにく……1片
玉ねぎ……大1/2個
オリーブ油……大さじ2
白ワイン……1/4カップ
鶏がらスープの素……小さじ1/2
塩……小さじ1

1　にんにくと玉ねぎはみじん切りにする
2　フライパンにオリーブ油を熱し、1を中火〜弱火で焦がさないように飴色になるまで20分ほど炒める
3　トマトは皮のまますりおろしながら2に入れ、白ワイン、鶏がらスープの素、塩を加えて、最初は強火、沸き立ったら弱火で20分煮る

＊　時間をかければかけるほどトマトの酸味が和らぎます。

4章 とことん満足

料理にかける時間も
ごちそうのうち
作っても食べても、
満ち足りる幸せを

234kcal/0.9g

474kcal/1.5g

ズッキーニのカレー粉揚げ

ズッキーニ……1本
ちくわ……小2本

A 衣
小麦粉……1/2カップ
水……1/2カップ
カレー粉……小さじ2
塩……適量

揚げ油……適量

1 ズッキーニは1cm厚の輪切り、ちくわは斜め半分に切る
2 Aを混ぜ合わせ、1に付けて揚げる

にらのかき揚げ

にら……1束
桜エビ……大さじ3〜4
小麦粉……適量

A 天ぷらの衣
小麦粉……1カップ
マヨネーズ……大さじ1
水……1カップ

揚げ油……適量
塩……お好みで

1 にらは1cm長に切る
2 1と桜エビに小麦粉をまぶし、Aと混ぜ合わせる
3 2を大さじ1くらいずつすくって、油で揚げる

227kcal/1.4g

れんこんとひき肉の挟み揚げ

れんこん‥‥‥150g
片栗粉‥‥‥適量

A たね
豚ひき肉‥‥‥100g
長ねぎのみじん切り‥‥‥大さじ1
しょうがのみじん切り‥‥‥少々
しょうゆ、酒‥‥‥各大さじ1/2
片栗粉‥‥‥大さじ1/2

揚げ油　‥‥‥適量
レモン‥‥‥お好みで

1　Aをよく混ぜ合わせる
2　れんこんは5mm厚に切って酢水にさらし、あくを取って水気を切ったら、片栗粉をまぶす
3　2のれんこん1枚の上に1を平らに広げて、もう1枚のれんこんで挟んだら、片栗粉をまぶして、油で揚げる

230kcal/4.0g

まるごとピーマンの肉詰め

ピーマン……4個
豚ひき肉……150g

A 煮汁
水……1カップ
しょうゆ……大さじ3
酒、みりん……各大さじ1
しょうがの薄切り……1かけ
針しょうが……お好みで

1 ピーマンはお尻に切り込みを入れ、豚ひき肉をそのまま詰める
2 Aをひと煮立ちさせ、1を並べて上下を返しながら、10分煮る

* だしを使わず、肉に下味も付けない驚きの味。ピーマンの種も旨みに変わります。

301kcal/1.2g

エリンギと鶏肉のコーラ煮

鶏手羽元……4本
ゆで卵……1個
エリンギ……100g

A調味料
コーラ……1/2カップ
しょうゆ……小さじ2
みりん、砂糖……各小さじ1

1　エリンギは縦半分にして5cm長に切る
2　フライパンに鶏肉、エリンギ、ゆで卵、Aを入れて紙ぶたをし、汁が少し残る程度まで煮る

＊　ジンジャーエールでも作れます。
　　冷めてもおいしいので、お弁当のおかずにも。

355kcal/2.1g

486kcal/2.9g

セロリの春巻き

セロリ･････2本
塩･････少々
ハム･････4〜5枚
ちくわ･････小4本
マヨネーズ･････大さじ2
春巻きの皮･････小5枚
油･････大さじ1

1 セロリは硬い部分の皮をむき、10cm長の千切りにしたら、塩を振りかけてしんなりさせる
2 ハムとちくわは千切りにし、マヨネーズと和える
3 春巻きの皮を広げて1と2を置き、周囲に小麦粉（分量外）を水で溶いたのりを付けて春巻きの要領で巻く
4 フライパンに油を熱し、3の両面をこんがり焼く

＊ 弱火でじっくりと焼くと、セロリの味がよく出ます。

なめ茸の春巻き

なめ茸･････100g
豚肉薄切り･････100g
しょうゆ、酒、片栗粉･････各大さじ1/2

ぶなしめじ、エリンギ、えのきたけなど･･･300g
ごま油･････大さじ1

春巻きの皮･････10枚
揚げ油･････適量

1 豚肉は細切りにして、しょうゆと酒で下味を付け、片栗粉をもみ込む
2 きのこ類は1cm角に切る
3 フライパンにごま油を熱して1を炒め、色が変わったら2を炒め合わせ、最後になめ茸を加えて混ぜ合わせる
4 3の粗熱を取り、春巻きの皮に小麦粉（分量外）を水で溶いたのりを付けて包み、油で揚げる

＊ なめ茸が調味料、具材、つなぎの3役をこなします。

330kcal/2.0g

じゃがいものチーズ煮込み

じゃがいも‥‥‥2個
玉ねぎ‥‥‥1/2個
水‥‥‥2カップ
固形スープの素‥‥‥1個
牛乳‥‥‥300ml
ピザ用チーズ‥‥‥60g
イタリアンパセリ‥‥‥お好みで

1　じゃがいもは一口大、玉ねぎは薄切りにする
2　鍋に水を入れて、1をやわらかくなるまで煮る
3　2に固形スープの素と牛乳を加えて少し煮込み、チーズを加えて溶かす

＊　スキレットで作って、そのまま食卓へ。

453kcal/1.9g

きのこたっぷりビーフストロガノフ

牛肉薄切り‥‥‥150g
小麦粉‥‥‥大さじ1/2
玉ねぎ‥‥‥中1/2個
にんにく‥‥‥1片
えのきたけ、ぶなしめじ、エリンギなど‥‥‥150g
油‥‥‥大さじ1
バター‥‥‥大さじ1
牛乳‥‥‥250ml
小麦粉‥‥‥大さじ1
固形スープの素‥‥‥1個
トマトペースト‥‥‥大さじ1
塩‥‥‥小さじ1/2
こしょう‥‥‥適量

1　牛肉は細切りにして、塩・こしょう（分量外）して小麦粉をまぶす
2　玉ねぎ、にんにくは薄切り、きのこ類は食べやすい大きさにする
3　フライパンに油を熱し、2をしんなりするまで炒めたら、バターと1を入れて、牛肉に軽く火が通るくらいに炒める
4　牛乳と小麦粉を混ぜ合わせて、こしながら3に加え、固形スープの素、トマトペーストを入れてとろみが付くまで煮たら、塩・こしょうを加える

＊　トマトペーストの酸味が味を引き締め、こくを出します。

れんこん麻婆豆腐

豆腐‥‥‥1/2丁
豚ひき肉‥‥‥100g
れんこん‥‥‥100g
にんにく‥‥‥1片
信州みそ‥‥‥大さじ1/2
砂糖‥‥‥大さじ1/2
ごま油‥‥‥大さじ1

水‥‥‥1カップ
鶏がらスープの素‥‥‥小さじ1
しょうゆ‥‥‥大さじ1/2
ミニトマト‥‥‥4個
水溶き片栗粉‥‥‥大さじ1/2～1
（水：片栗粉は2：1）
塩・こしょう‥‥‥適量
ラー油‥‥‥お好みで

316kcal/1.8g

1　豆腐は自然に水切りして2cm角、にんにくはみじん切り。れんこんは半月の薄切りにして酢水にさらし、あくを取る
2　フライパンにごま油を熱し、にんにくを弱火で炒めたら、豚ひき肉を入れてパラパラになるまで強火で炒める
3　2にみそと砂糖を入れて味をなじませ、水気を切ったれんこんを加えてひと混ぜする
4　水、鶏がらスープの素、しょうゆ、豆腐と半分に切ったミニトマトを加えてひと煮立ちしたら、塩・こしょうで味を調え、水溶き片栗粉でとろみを付ける

＊　テンメンジャンの代わりに信州みそと砂糖を、辛味はラー油を使います。

284kcal／1.8g

麻婆なす豆腐

豆腐‥‥‥1/2 丁
豚ひき肉‥‥‥50g
にんにく‥‥‥1 片
えのきたけ‥‥‥100g
エリンギ‥‥‥50g
ごま油‥‥‥大さじ 1
信州みそ、砂糖‥‥‥各大さじ 1
なす‥‥‥2 個
長ねぎ‥‥‥1/4 本

水‥‥‥1 カップ
鶏がらスープの素‥‥‥小さじ 1
しょうゆ‥‥‥大さじ 1/2
塩・こしょう‥‥‥適量
水溶き片栗粉‥‥‥大さじ 2
（水：片栗粉は 2：1）
粉山椒、ラー油、糸唐辛子‥‥お好みで

1. 豆腐は自然に水切りして 2cm 角、えのきたけは 1cm 長、エリンギは 1cm 角、にんにくはみじん切りにする
2. フライパンにごま油を入れ、にんにくを弱火で炒めて香りが出たら、強火にして豚ひき肉を炒め、少し色が変わったらきのこ類を炒め合わせる
3. 2 にみそと砂糖を加えて炒め、水、鶏がらスープの素、しょうゆ、豆腐を加えて火を通す
4. なすは縦半分に切ってから細切りにし、レンジ加熱（500W、3 分）、長ねぎはみじん切りにする
5. 3 に 4 を加えてさっと炒めたら、塩・こしょうで味を調え、水溶き片栗粉でとろみを付ける

221kcal/1.1g

チンジャオ豆腐

豆腐‥‥1/2丁
豚肉薄切り‥‥50g

A 下味
しょうゆ、酒‥‥各小さじ1

ピーマン‥‥2個
筍‥‥100g
にんにく‥‥1片
ごま油‥‥大さじ1

B スープ
鶏がらスープの素‥‥大さじ1/2
しょうゆ‥‥大さじ1/2
湯‥‥1/2カップ

水溶き片栗粉‥‥大さじ1/2
（水：片栗粉は2：1）

1. 豆腐は四つ切り、ピーマンと筍は千切り、にんにくは薄切りにする
2. 豚肉は千切りにして、Aで下味を付ける
3. フライパンに油を熱して、にんにくを弱火で炒め、香りが出てきたら肉を入れて強火にし、筍を炒め合わせる
4. 3にBを入れ、豆腐を加えて少し煮たらピーマンを加えてひと煮立ちさせ、水溶き片栗粉でとろみを付ける

白菜豚バラのミルフィーユ

白菜‥‥1/4個
豚バラ肉薄切り‥‥200g
塩・こしょう‥‥適量
日本酒‥‥1カップ
塩‥‥小さじ1
しょうが‥‥1かけ
パプリカ、パセリ‥‥お好みで

1 白菜は芯を付けたまま縦半分に切り、葉と葉の間に塩・こしょうした豚バラ肉を挟み込む
2 スキレットの高さと同じ長さになるように1を切り、切り口を上にして、スキレットを埋めつくす
3 日本酒と塩を2に入れ、薄切りのしょうがをところどころに挟み込む
4 適当な大きさのふたかアルミホイルをかぶせて、中火で約20分煮込む

531kcal/3.6g

凍み豆腐ときのこの卵とじ

鶏もも肉‥‥150g
玉ねぎ‥‥1/4 個
エリンギ、えのきたけ、ぶなしめじなど
‥‥‥‥‥‥‥150g
凍み豆腐‥‥1 個

めんつゆ（2倍濃縮）‥‥1/2 カップ
水‥‥1/4 カップ
卵‥‥3個
かいわれ大根‥‥適量

1　鶏肉は細かく切り、玉ねぎは薄切り、エリンギは5cm長の薄切り、えのきたけは3cm長に切り、ぶなしめじはほぐす
2　凍み豆腐は戻してさいの目に切る
3　フライパンにめんつゆと水をひと煮立ちさせ、鶏肉を加えて色が変わったら、玉ねぎときのこ類を入れて、具材がしんなりしたら2を入れる
4　3に溶いた卵の半量を回し入れ、ふたをしてしっかり固まったら、残り半量を加えて再びふたをして、好みの固さにして、かいわれ大根を散らす

348kcal/1.9g

406kcal/1.4g

カキとじゃがいものスキレット仕立て

カキ‥‥‥120g
小麦粉‥‥‥適量
揚げ油‥‥‥適量

Aフライ衣
小麦粉‥‥‥適量
溶き卵‥‥‥1個分
パン粉‥‥‥適量

じゃがいも‥‥‥2個
塩、ひたし豆‥‥‥適量

1 カキは小麦粉をまぶしてから、その小麦粉がきれいに落ちるように水洗いし、水気をよく取り、再び小麦粉をしっかり付ける
2 1に溶き卵、パン粉を付けて、170度の油で揚げる
3 じゃがいもは1cm角に切り、レンジ加熱(500W、6分)してから、油で揚げて焦げ色を付ける
4 スキレットを熱し、2、3とひたし豆を入れて少し加熱してから塩を振る

＊ カキを揚げるポイントは、しっかりと小麦粉をまぶすこと、油を高温にし過ぎないことです。

牛肉とごぼうの煮物

牛肉切り落とし‥‥‥100g
ごぼう‥‥‥1本

A 煮汁
だし汁‥‥‥1/2カップ
しょうゆ‥‥‥大さじ2
砂糖、みりん、酒‥‥‥各大さじ1
粉山椒‥‥‥適量
糸唐辛子‥‥‥お好みで

1　ごぼうは斜め薄切りにして、さっと水で洗う
2　Aをひと煮立ちさせ、1を入れてやわらかくなるまで煮る
3　2に牛肉を加えて火を通し、お好みで粉山椒を加える

212kcal/2.7g

ひらひら大根とブリの照り焼き

ブリ切り身‥‥‥2切
塩‥‥‥適量
大根‥‥‥100g
長ねぎ‥‥‥1/2本
ごま油‥‥‥大さじ1

A 調味料
だし汁‥‥‥1/2カップ
しょうゆ‥‥‥大さじ2
砂糖、みりん、酒‥‥‥各大さじ1

粉山椒‥‥‥お好みで

1　ブリは塩をして、水滴が出てきたら、キッチンペーパーでふく。大根はピーラーで薄く切り、長ねぎは5cm長に切る
2　フライパンにごま油を熱し、ブリと長ねぎをこんがりと焼いたら、大根を入れてAを全体に振りかけ、合わせ炒める
3　ブリと長ねぎを取り出し、フライパンに残ったブリの脂や旨味を大根にしっかり吸わせる

336kcal/3.2g

205kcal/2.4g

カキの柳川風

ごぼう‥‥‥1/2 本
カキ‥‥‥120g
小麦粉‥‥‥適量
にら‥‥‥適量
卵‥‥‥3 個

A 煮汁
だし汁‥‥‥1 カップ
酒、しょうゆ、みりん‥‥‥各大さじ 1

1 ごぼうはささがきにして、さっと水で洗う。カキは小麦粉洗いをしておく
2 フライパンにごぼうとAと入れて煮て、ごぼうに火が通ったらカキをのせて、さっと火を通す
3 2cm 長に切ったにらを散らす
4 卵を溶き、2回に分けて流し入れる

294kcal/1.6g

ブリと大根のしゃぶしゃぶ鍋

大根‥‥‥300g
ブリしゃぶしゃぶ用‥‥‥200g
和風だし‥‥‥4カップ
ポン酢しょうゆ‥‥‥適量

1　大根は千切りにする
2　和風だしに1を入れ、少ししんなりしたらブリをしゃぶしゃぶして、ポン酢しょうゆで食べる

＊　お好みの野菜で鍋をおいしく続けてください。

みそ味のブリ大根

ブリ切り身‥‥‥2切
塩、片栗粉‥‥‥適量
大根‥‥‥1/4本
米‥‥‥少々
三つ葉‥‥‥適量

A 煮汁
だし汁‥‥‥300ml
みそ‥‥‥大さじ2
みりん、酒‥‥‥各大さじ1
しょうが‥‥‥1かけ

1　ブリは塩をして、水滴が出てきたら、キッチンペーパーでふき、片栗粉をまぶす
2　沸騰した湯に1を入れて、ほんのり白くなったら取り出す
3　大根は1.5cm厚に切り、米を入れた水でやわらかくなるまで煮て、取り出す
4　鍋に2と3、Aを入れ、10分煮る　2cm長に切った三つ葉を散らす

＊　片栗粉をまぶしてさっと湯がいたブリは、旨みが残り、ぱさつきにくくなります。

308kcal/2.4g

294kcal/1.6g

水菜と豚バラのしゃぶしゃぶ

水菜‥‥‥1/2 束
豚バラ肉薄切り‥‥‥200g
長ねぎ‥‥‥1 本
湯‥‥‥4 カップ
酒‥‥‥1 カップ
ポン酢しょうゆ、ごまダレなど
‥‥‥‥‥適量

1　水菜は3cm長、長ねぎは斜め薄切りにする
2　鍋に湯と酒を入れてひと煮立ちしたら、弱火にして1を入れて、豚肉をしゃぶしゃぶする

300kcal/3.0g

具だくさんのみぞれ餅煮込み

切り餅‥‥‥2切
豚肉薄切り‥‥‥100g
白菜‥‥‥100g
生しいたけ‥‥‥2個
油‥‥‥大さじ1
めんつゆ（つけつゆの濃さ）‥‥‥1カップ
大根おろし、細ねぎ‥‥‥適量
七味唐辛子‥‥‥お好みで

1　餅は8等分に切り、クッキングシートを敷いてレンジ加熱（500W、30秒）かトースターで焼く
2　白菜は一口大、しいたけは薄切りにし、フライパンに油を熱し、豚肉と一緒に炒める
3　2の野菜がしんなりしたら、めんつゆを加え、ひと煮立ちしたら餅を入れてさっと絡める
4　大根おろしをのせ、細ねぎを散らす

5章　もうひと口食べたい

箸休めにおつまみ、デザートだって、
季節の野菜が勢ぞろい
野菜があれば、わたしはゴキゲン

351kcal/1.3g

175kcal/1.4g

かぼちゃのコロコロサラダ

かぼちゃ（正味）‥‥300g
ベーコン薄切り‥‥3枚
エリンギ‥‥100g
油‥‥大さじ1
塩・こしょう‥‥適量
マヨネーズ‥‥大さじ2
しょうゆ‥‥適量

1 かぼちゃは周りの皮を薄くむいて2cm角に切り、レンジ加熱（500W、3〜4分）してやわらかくする
2 ベーコンは1cm幅、エリンギは5cm長の薄切りにする
3 フライパンに油を熱し、ベーコンをカリカリに炒めたら、エリンギを炒め合わせ、塩・こしょうする
4 1と3に、マヨネーズとしょうゆを入れて混ぜ合わせる。

＊ 材料からは想像つかないあっさり味をお試しあれ。

にんじんと春菊のピーナツ和え

春菊‥‥1束
にんじん‥‥50g

A 調味料
ピーナツ粉‥‥大さじ4
砂糖‥‥大さじ2
しょうゆ‥‥大さじ1

1 春菊は硬い茎を取り除き、にんじんは2〜3cm長の千切りにする
2 たっぷりわかした湯に塩（分量外）を入れてにんじんをゆがく
3 2からにんじんをすくい取った湯で春菊をゆでて水に取り、水気を絞って3cm長に切る
4 Aを混ぜ合わせ、2と3を加えて和える

＊ クセのある野菜同士、ごまやクルミ和えも。

171kcal/0.6g

れんこんと水菜の辛子マヨネーズ

れんこん‥‥‥100g
辛子マヨネーズ‥‥‥大さじ2
水菜‥‥‥1/2束
ラディッシュ‥‥‥1個

A 調味料
オリーブ油、レモン汁、だししょうゆ‥‥‥各大さじ1/2

1. れんこんは皮をむいて薄いイチョウ切りにし、酢水にさらしてあくを取る
2. 1を水で洗い、湯に酢を適量入れて軽くゆで、粗熱が取れたら、辛子マヨネーズで和える
3. 水菜は3cm長に切り、Aをかけて、よく混ぜ合わせる
4. 3を盛ってから、2を軽く和えるように盛り、薄切りのラディッシュを飾る

＊ 味付けの違う、れんこんと水菜の組み合わせがポイント。

ハルピンキャベツ

キャベツ‥‥‥1/2個
塩‥‥‥小さじ2
にんにくのすりおろし‥‥‥小さじ2
赤唐辛子の輪切り‥‥‥適量
みりん‥‥‥小さじ2

1　キャベツは芯を取り、くし形に4等分する
2　1の葉の間に塩、にんにく、赤唐辛子をすり込む
3　2をバットに入れて全体にみりんをかけ、ラップをして重しをのせて、2時間以上漬ける

＊ 春キャベツのおいしさを実感します。

68kcal/6.0g

191kcal/1.7g

長芋とハムのごまサラダ

長芋‥‥200g
ハム‥‥3枚
きゅうり‥‥1本
セロリ‥‥1本
白ごま‥‥適量

A 中華ドレッシング
ごま油、しょうゆ、酢‥‥各大さじ1
こしょう‥‥少々

1 長芋は皮をむき、きゅうり、セロリとともに5〜6cm長の千切り、ハムも千切りにする
2 Aを混ぜ合わせ、白ごまと一緒に1にかける

130kcal/3.9g

白菜の浅漬けサラダ

白菜‥‥1/8個
にんじん‥‥30g
塩‥‥小さじ1
塩昆布‥‥10g
オリーブ油‥‥大さじ2

1 白菜は1.5cm角に、にんじんは千切りに塩をして、しんなりさせて水を絞る
2 1に塩昆布を加えて、軽く混ぜる
3 オリーブ油を回しかける

セロリと春雨のシンプルサラダ

セロリ‥‥‥1本
塩‥‥‥小さじ1/2
春雨‥‥‥50g
ハム‥‥‥60g
酢‥‥‥小さじ1/2
しょうがのしぼり汁‥‥‥少々

1　セロリは硬い部分の皮をむき、5cm長の薄切りにしたら、塩をして少しもむ
2　春雨はゆでて水洗いし、ハムは細切りにする
3　1がしんなりしたら、2と酢、しょうがのしぼり汁を入れて混ぜ合わせる

＊　こくがあるけど、さっぱり。
　　食欲のないときにぴったりです。

153kcal/2.3g

大学かぼちゃ

かぼちゃ（正味）‥‥‥300g
揚げ油

A たれ
砂糖‥‥‥50g
みりん‥‥‥大さじ1
しょうゆ‥‥‥大さじ1/2

白ごま‥‥‥大さじ1

1　かぼちゃは一口大に切り、素揚げする
2　フライパンにAをひと一煮立ちさせ、熱々の1を入れてよく絡め、白ごまも一緒に混ぜ合わせる

375kcal/0.7g

279kcal/1.1g

長芋ポテトサラダ

長芋‥‥‥300g
にんじん‥‥‥少々
ベビープロセスチーズ‥‥‥1個
きゅうり‥‥‥1/2本
マヨネーズ‥‥‥大さじ2
塩・こしょう‥‥‥適量
ポテトチップス‥‥‥適量

1 長芋は皮をむいて適当な大きさ、にんじんは5mm角に切り、やわらかくなるまでゆでる
2 水気を切った1をつぶし、温かいうちに塩・こしょうで味を付ける
3 2の粗熱が取れたら、1cm角に切ったチーズ、薄切りしたきゅうりを加え、マヨネーズで味を調える
4 ポテトチップスを敷き、3を盛る

42kcal/0.0g

ミニトマトのコンポート

ミニトマト‥‥‥10個

A コンポート液
メープルシロップ‥‥‥大さじ1
レモン汁‥‥‥大さじ1/2

1　ミニトマトは皮に少し切り込みを入れ、沸騰した湯にさっとくぐらせて冷水に取り、皮をむく
2　保存容器に1を入れ、Aをかけて混ぜ、冷蔵庫でしばらく冷やす

＊　なめらかな舌ざわりには、湯むきがポイント。

23kcal/2.2g

67kcal/3.0g

叩ききゅうりの梅肉和え

きゅうり‥‥‥2本
梅干し‥‥‥1個
削り節‥‥‥3g

1　きゅうりは丸のまま包丁で押さえ、上から手でたたいて割れ目を入れ、横3等分に割る
2　1を梅肉、削り節と和える

＊　家庭菜園のきゅうりを真夏のおつまみに。

きゅうりとパインの唐辛子和え

きゅうり‥‥‥2本
塩‥‥‥小さじ1
カットパイン‥‥‥200g
一味唐辛子‥‥‥お好みで

1　きゅうりは乱切りし、塩でもんでしんなりさせる
2　1とパインを混ぜる

＊　パインの甘さと唐辛子の辛味が絶妙です。

にらごま尽くし

にら‥‥‥1束
白ごま‥‥‥大さじ2〜3
ごま油、しょうゆ、塩、黒こしょうなど
‥‥‥‥‥お好みで

1 にらは塩ゆでしたら水に取り、よく水気を切って、5cm長に切る
2 白ごまを皿に出し、にらの切り口に付ける

＊ にらが大量にあるときには、ゆでるのが一番です。

96kcal/1.2g

22kcal/2.9g

142kcal/0.4g

きゅうりとしょうがの浅漬け

きゅうり‥‥‥2本
塩‥‥‥小さじ1/2

A 調味料
しょうがのみじん切り‥‥‥小さじ1
塩昆布‥‥‥大さじ1
薄口しょうゆ、酢‥‥‥各小さじ1

1 きゅうりは1cm幅に切って塩でもむ
2 1とAをポリ袋に入れてもむ

＊ 冷やすとさらにおいしさがアップ。

ピーマンのおかかしょうゆ

ピーマン‥‥‥6個
ごま油‥‥‥大さじ2
削り節‥‥‥5g
だししょうゆ‥‥‥大さじ1/2
七味唐辛子‥‥‥お好みで

1 ピーマンは半分に切って種を取り、水気をよく切ってごま油で蒸し焼きにする
2 1を削り節とだししょうゆで和える

＊ 採れすぎたピーマンは素揚げすると簡単。

197kcal/3.1g

玉ねぎと〆サバのマリネ

サバ刺身‥‥120g
塩‥‥小さじ1/4
酢‥‥1/2カップ

パプリカ‥‥1/4個
紫玉ねぎ‥‥1/4個
レモン‥‥適量
ピンクペッパー、ケイパー、ディルなど
香辛料‥‥お好みで

A マリネ液
すし酢、水‥‥各1/4カップ
白ワイン‥‥大さじ1

1 サバ刺身に塩をして、水滴が出てきたら半量の酢で洗い、残りの酢をサバにかけて30分ほどおく
2 パプリカは千切り、玉ねぎは薄切り、レモンは薄切りにする
3 1と2、香辛料をAに漬け込んで、1時間ほどで食べごろになる

* 漬け込みに すし酢を使うと便利です。

359kcal/2.0g

113kcal/0.7g

白ワインマリネとカツオのたたき

A 白ワインマリネ
玉ねぎ‥‥1/2個
にんじん‥‥1/2本
セロリ‥‥1本
パプリカ‥‥1/2個
酢‥‥1/2カップ
白ワイン‥‥1/2カップ
水‥‥1カップ

オリーブ油‥‥大さじ3
しょうゆ‥‥大さじ1

カツオたたき or 刺身‥‥100g
塩、オリーブ油‥‥適量

1. 玉ねぎは薄切り、にんじんは5cm長の千切り、セロリは5cm長の薄切り、パプリカは千切りにする
2. フライパンにAをすべて入れてひと煮立ちし、そのまま冷ます
3. 2が冷めたら水気を切り、オリーブ油としょうゆを混ぜ合わせる
4. カツオに塩、オリーブ油をかけ、3を添える

＊ マリネは日持ちします。たくさん作って刺身や肉の付け合わせに。

ホタルイカと春野菜マリネ

ホタルイカ‥‥80g
キヌサヤ‥‥4本
トマト‥‥50g
うど‥‥1/4本
酢‥‥適量

A マリネ液
オリーブ油‥‥大さじ1
レモン汁‥‥大さじ1/2
だししょうゆ‥‥大さじ1/2
練り辛子‥‥少々

1. ホタルイカはさっとゆでて目を取る。トマトは2cm角、キヌサヤはさっとレンジ加熱して斜め切りする
2. うどは皮を厚くむいて、5cm長の拍子木切りにし、酢水にさらしてあくを取って水気を切る
3. Aを混ぜ合わせ、1と2を加える

＊ 一晩おくとトマトの汁が出てさらにおいしくなります。

183kcal/1.9g

セロリとタコのマリネ

ボイルダコ‥‥‥100g
酢‥‥‥少々
セロリ‥‥‥1本
パプリカ‥‥‥1/2個
ミニトマト‥‥‥8個
(or トマト‥‥‥中1個)

A マリネ液
オリーブ油‥‥‥大さじ2
レモン汁‥‥‥大さじ1
塩‥‥‥小さじ1/2
こしょう‥‥‥適量
にんにくのすりおろし‥‥‥少々

1　タコはぶつ切りにし、酢を少々入れた湯でさっとゆでる。セロリは硬い部分の皮をむいて斜め薄切り、パプリカは千切りにする
2　Aを混ぜ合わせ、1を入れたら、冷蔵庫で冷やす

＊　ボイルダコをさらにさっとゆがくと旨みがもっと凝縮します。

ブロッコリーとタコの辛子マヨネーズ

ブロッコリー‥‥‥1株
ボイルダコ‥‥‥150g
辛子マヨネーズ‥‥‥大さじ3

1 ブロッコリーは小房に分け、しばらく水に浸してから塩ゆでする。タコは一口大のぶつ切りにする
2 1と辛子マヨネーズを混ぜ合わせる

226kcal/0.8g

* ブロッコリーをゆでた後、水にさらさずそのまま冷ますと、味も日持ちします。

カニかまもやしの生春巻

もやし‥‥‥1袋
にら‥‥‥1/2束
カニ風味かまぼこ‥‥‥6本
生春巻きの皮‥‥‥6枚

A 辛子酢味噌
みそ‥‥‥大さじ2
砂糖‥‥‥大さじ2
酢‥‥‥大さじ1
練り辛子‥‥‥小さじ1

1 にらは2cm長に切り、もやしと一緒に塩を入れてゆでたら、水気を切る
2 生春巻きの皮はさっと水をくぐらせ、上半分の中央にカニ風味かまぼこをおき、1をのせて下から皮をかぶせ、端から巻く
3 混ぜ合わせたAをつける

205kcal/3.1g

* にらを長いまま巻くと、盛りつけたときのアクセントに。

お好み焼き風キャベツサラダ

キャベツ‥‥1/4個
桜エビ‥‥5g
削り節‥‥3g
白ごま‥‥大さじ1
マヨネーズ‥‥大さじ1
長ねぎの小口切り‥‥お好みで

A ねぎソース
長ねぎの小口切り‥‥1/2本
油‥‥大さじ2
酢、みりん、しょうゆ‥‥各大さじ1

1. フライパンで桜エビ、削り節、白ごまを中火以下で乾煎りして取り出す
2. 1のフライパンにAを一煮立ちさせ、熱々のまま器に盛った千切りキャベツにかける
3. 1とマヨネーズをかける

* 熱々のねぎソースで山盛りのキャベツがしんなりします。

237kcal/0.8g

凍み豆腐のシーザー風

凍み豆腐‥‥2個
ベーコン薄切り‥‥70g
にんにく‥‥1片
油‥‥大さじ1/2
塩・こしょう‥‥適量

サラダ用ほうれん草orレタス‥‥適量
玉ねぎ‥‥1/2個
ミニトマト‥‥5〜6個
粉チーズ‥‥適量

A ドレッシング
マヨネーズ‥‥大さじ2
油‥‥大さじ1
酢‥‥小さじ1
塩・こしょう‥‥適量

378kcal/2.0g

1. 凍み豆腐は戻して5mm角、ベーコンは1cm幅、にんにくはみじん切りにする
2. フライパンに油を熱し、にんにくとベーコンを弱火でじっくり炒めたら、凍み豆腐を入れてこんがりするまで炒める。
3. ちぎったほうれん草と薄切りの玉ねぎ、2とミニトマトを盛り、混ぜ合わせたAをかけて、粉チーズを振る

* 旨みを吸収した凍み豆腐をクルトン代わりに使ってみました。

307kcal/2.0g

きのこと豚肉の冷しゃぶサラダ

豚肉薄切り‥‥‥100g
酒‥‥‥大さじ3以上
玉ねぎ‥‥‥1/4個
レタス‥‥‥1/4個

A わさびドレッシング
オリーブ油‥‥‥大さじ2
レモン汁、しょうゆ‥‥‥各大さじ1
練りわさび‥‥‥適量

三つ葉‥‥‥1/2袋
みょうが‥‥‥1個
大葉‥‥‥5枚
きのこ類‥‥‥100g
ミニトマト‥‥‥4個
塩・こしょう‥‥‥適量

1 塩・こしょうした豚肉は、沸騰した湯に酒を加え、弱火にしてから、ピンク色になるまでしゃぶしゃぶする
2 ザルにキッチンペーパーを敷き、1の肉を引き上げて水気を取る
3 Aを混ぜ合わせて、2と薄切りした玉ねぎを和える
4 三つ葉は2cm長、みょうがは薄切り、大葉は千切りして混ぜ合わせ、一口大にちぎったレタスと軽く混ぜる
5 きのこ類は食べやすい大きさにしてオーブントースターか魚焼きグリルで素焼きし、ミニトマトは半分に切る
6 4の上にきのこを並べ、3をドレッシングごとかける。ミニトマトを散らして、塩・こしょうを振りかける

* ひと皿で栄養満点。
  わさびの代わりにしょうが、にんにくでも。

333kcal/0.9g

トマトとブルーベリーのデザートブルスケッタ

ミニトマト‥‥‥150g
ブルーベリー‥‥‥50g
ナッツとドライフルーツ‥‥‥40g
バター‥‥‥10g

A　シロップ
メイプルシロップ‥‥‥大さじ1
レモン汁‥‥‥大さじ1/2
コアントロー‥‥‥お好みで

フランスパン‥‥‥1/2本
粉糖‥‥‥適量

1　ミニトマトは半分に切る
2　フライパンにバターを溶かしていったん火をとめ、トマト、ブルーベリー、ナッツとドライフルーツを並べる
3　2にAを入れてから火をつけ、ひと煮立ちしたら、フライパンを動かしながら全体を絡める
4　1cm厚に切り、トーストしたフランスパンに3をのせ、粉糖を振りかける

＊　季節に合わせてぶどうやりんごを使います。

423kcal/0.9g

じゃがいもとオレンジのイワシ缶サラダ

じゃがいも‥‥‥200g
塩‥‥‥少々
細ねぎの小口切り‥‥‥少々
オレンジ‥‥‥1個
オリーブ油‥‥‥大さじ1
イワシ缶‥‥‥1〜2缶
ディル、黒こしょう、かいわれ大根
‥‥‥‥‥‥‥‥お好みで

1. じゃがいもは3mm厚に切り、レンジ加熱（500W、5分）する
2. オレンジは房から分けて袋から出し、イワシは半身に切る
3. 1を皿に盛って塩と細ねぎを散らしたら、隙間を埋めるようにオレンジをのせ、オリーブ油をかける
4. イワシをのせる

* オレンジやイワシ缶の種類は問いません。お好みの味で。

6章 主食こそベジめし

しっかり充電したいランチや
ちょっと小腹を満たしたい夜食に—
野菜と一緒に食べる 優しいごはん

ちくわの卵チャーハン

<4人分>
ちくわ‥‥2本
卵‥‥2個
温かいご飯‥‥1合
ごま油‥‥大さじ2
長ねぎ‥‥1/2本
鶏がらスープの素、しょうゆ‥‥各小さじ1
塩・こしょう‥‥適量

1. ちくわは輪切り、長ねぎはみじん切りにする
2. フライパンにごま油の半量を熱し、ちくわをこんがり炒めたら、ほぐした卵を素早く混ぜ入れ、ちくわを卵でコーティングするように炒めて取り出す
3. 2のフライパンに残りのごま油を入れ、ご飯を加えたら鶏がらスープの素と塩・こしょう、長ねぎを入れ、全体をかき混ぜ、しばらく加熱する
4. 鍋肌からしょうゆを入れて2を戻し、最後にフライパンを振って全体を混ぜる

286kcal/1.5g

もやしチャーハン

もやし‥‥1袋
温かいご飯‥‥1合
卵‥‥1個
味付けメンマ‥‥50g
しょうゆ‥‥小さじ1
油‥‥大さじ2
塩・こしょう‥‥適量

1　フライパンに油の半分を熱し、もやしを強火でさっと炒めて、塩・こしょうして取り出す
2　同じフライパンに残りの油を入れ、溶いた卵を炒り卵のようにしたら、ご飯とメンマを加えてひと混ぜする
3　2に1を加え、しょうゆを鍋肌から入れて全体を混ぜ合わせる

359kcal/1.3g

翡翠飯
（ひすいはん）

温かいご飯‥‥200g
小松菜‥‥1/4束
塩・こしょう‥‥各少々
鶏がらスープの素‥‥少々
長ねぎ‥‥1/4本
ごま油‥‥大さじ1

1　小松菜は細かく切り、長ねぎはみじん切りにする
2　フライパンにごま油を熱し、ご飯と長ねぎを入れて炒める
3　2に塩・こしょう、鶏がらスープの素を振りかけたら、小松菜を加えてフライパンを振って混ぜ合わせる

237kcal/2.3g

＊　フライパンを動かさないほど、パラパラに。

362kcal/2.1g

にんじんの炊き込みご飯

<4人分>
にんじん‥‥100g
米‥‥2合
水‥‥2カップ

A　調味料

ツナ缶‥‥1缶
酒‥‥大さじ2
油‥‥大さじ1
塩‥‥小さじ1
固形スープの素‥‥1個

パセリのみじん切り‥‥適量

1　米はといで、ザルに上げておく。
　　にんじんはすりおろす
2　炊飯器に米、水、すりおろした
　　にんじん、Aを入れ普通に炊く

640kcal/3.1g

かぼちゃときのこのドリア

<4人分>
バター‥‥20g
ベーコン薄切り‥‥60g
長ねぎ‥‥1本
きのこ類‥‥200g
牛乳‥‥2カップ
小麦粉‥‥大さじ2
なめ茸‥‥100g

温かいご飯‥‥2合
カレー粉‥‥小さじ1
バター‥‥大さじ1
塩‥‥少々

ピザ用チーズ‥‥120g

かぼちゃ（正味）‥‥200g
オリーブ油‥‥大さじ1
塩・こしょう‥‥適量

1 かぼちゃは皮をむき、種とワタを取って薄切り、ベーコンは5cm長、長ねぎは斜め薄切り、きのこ類は手でほぐす
2 フライパンにバターを熱し、ベーコン、長ねぎ、きのこ類を炒める
3 小麦粉と牛乳を混ぜて濾しながら2に加え、なめ茸を入れたら、全体を混ぜ合わせてとろみを付ける
4 ご飯に、バター、カレー粉、塩を入れて混ぜ合わせる
5 耐熱容器に4を入れて3をかけ、チーズをのせて、オーブントースターでチーズが溶けるまで焼く
6 別のフライパンにオリーブ油を熱し、かぼちゃを両面焼いてやわらかくし、塩・こしょうしたら、5にのせる

463kcal/2.8g

ちくわのちらしずし

<4人分>

すし飯‥‥‥2合
ちくわ‥‥‥1本
生しいたけ、えのきたけ、ぶなしめじなど
　‥‥‥‥‥200g
にんじん‥‥‥50g
しょうが‥‥‥50g

A 調味料
しょうゆ、酒、みりん‥‥‥各大さじ2
酢、砂糖‥‥‥各大さじ1

B 炒り卵
卵‥‥‥2個
砂糖‥‥‥大さじ1と1/2
塩‥‥‥少々

ごま油‥‥‥大さじ1
ハム or イクラ‥‥‥適量
かいわれ大根‥‥‥適量

1　ちくわは2～3mm厚の輪切り、生しいたけは薄切り、えのきたけとぶなしめじは1cm長、にんじんとしょうがは千切りにする
2　フライパンに1とAを入れ、6～7分煮る
3　すし飯に2を入れて混ぜ合わせる
4　Bを混ぜ合わせ、ごま油を熱したフライパンに流し入れ、菜ばしでかき混ぜながら炒り卵を作る
5　3を盛り、4とハムまたはイクラ、かいわれ大根を飾る

504kcal/2.0g

きゅうり軍艦のいろいろのせ

すし飯‥‥‥1合
きゅうり‥‥‥2本

サーモン&きゅうり
刺し身やスモークサーモンをしょうゆで味付け、皮をむいたきゅうりのみじん切りと混ぜ合わせる

シャインマスカット&イクラ
みじん切りのシャインマスカットとイクラを混ぜ合わせる

ツナ&コーン
皮をむいたきゅうりをみじん切りにし、ツナとコーンをマヨネーズと和える

1　すし飯は軍艦の形にする
2　きゅうりはピーラーで薄くむき、1のまわりに巻く
3　好きな具をのせる

*　どんな魚介類とも合うシャインマスカットがおすすめ。

280kcal/1.3g

シラスと大根、押し麦のサラダ

大根‥‥‥100g
大葉‥‥‥5枚
炊いた押し麦‥‥‥1カップ
シラス‥‥‥20g
山菜（こごみ、タラの芽、コシアブラなど）
‥‥‥‥‥‥‥‥適量

A　調味料
オリーブ油‥‥‥大さじ2
レモン汁‥‥‥大さじ1
だししょうゆ‥‥‥小さじ1
塩・こしょう‥‥‥適量

1　押し麦を米と同じように炊く
2　大根、大葉は千切りにする
3　Aを混ぜ合わせ、1と2、シラス、ゆでた山菜とよく混ぜる

*　押し麦は一度に炊いて、冷凍しておくと便利です。

ブロッコリーとエビの
ペペロンチーノスパゲティ

スパゲティ‥‥‥200g
ブロッコリー‥‥‥1株
オリーブ油‥‥‥大さじ2
サラダ用エビ‥‥‥150g
にんにく‥‥‥1片
赤唐辛子‥‥‥1本
スパゲティのゆで汁‥‥‥1カップ
塩・こしょう‥‥‥適量
鶏がらスープの素‥‥‥少々

1 ブロッコリーは小房に分け、しばらく水につける
2 スパゲティは塩大さじ1（分量外）を入れてゆで、ゆで上がり3分前に1を一緒にゆでて、水気を切る
3 フライパンにオリーブ油を熱し、弱火で薄切りしたにんにくと、輪切りの赤唐辛子を炒め、強火にして2を加える
4 3にゆで汁、エビを加え、塩・こしょう、鶏がらスープの素で味を調える

590kcal/0.9g

大葉のペペロンチーノ

大葉‥‥‥20枚
にんにく‥‥‥2片
赤唐辛子‥‥‥適量
オリーブ油‥‥‥大さじ2
スパゲティ‥‥‥200g
スパゲティのゆで汁‥‥‥1/4カップ
みりん、しょうゆ‥‥‥各小さじ2

1 大葉は千切り、にんにくは薄切り、赤唐辛子は輪切りにする
2 フライパンにオリーブ油とにんにく、赤唐辛子を入れて、にんにくから香りが出るまで弱火で炒める
3 スパゲティは塩大さじ1(分量外)を入れてゆでて、水気を切る
4 ゆで汁、みりん、しょうゆを混ぜ合わせ、大葉と2、3を和える

＊ ゆで汁は塩味、しょうゆは風味付け、みりんはまろやかさ。ピリっとした塩味がほしい場合は、みりんを入れないで。

521kcal/0.9g

サバ缶とレタスのスパゲティ

レタス‥‥‥4〜5枚
サバ缶‥‥‥1缶
にんにく‥‥‥1片
オリーブ油‥‥‥大さじ1
しょうゆ‥‥‥小さじ1
塩・こしょう‥‥‥適量
スパゲティ‥‥‥200g
細ねぎ‥‥‥適量

1 スパゲティは塩大さじ1(分量外)を入れてゆで、水気を切る。レタスは一口大にちぎる
2 フライパンにオリーブ油を熱し、薄切りしたにんにくを炒めたら、サバ缶の汁を軽く切って、大きくほぐして入れ、さっと火を通す
3 2に1を加えてひと混ぜし、しょうゆを回し入れ、塩・こしょうで味を調える
4 小口切りにした細ねぎを散らす

639kcal/1.8g

297kcal/0.4g

スナップエンドウのカルボナーラ

スナップエンドウ‥‥‥50g
にんにく‥‥‥1片
ベーコン薄切り‥‥‥20g
オリーブ油‥‥‥大さじ1
ショートパスタ‥‥‥75g

A カルボ液
卵黄‥‥‥1個
粉チーズ‥‥‥大さじ2
プレーンヨーグルト‥‥‥50g

水菜‥‥‥1/4束
黒こしょう‥‥‥お好みで

1. スナップエンドウはヘタと筋を取る。にんにくはみじん切り、ベーコンは2cm長に切る
2. パスタは塩大さじ1（分量外）を入れてゆで、ゆで上がり直前にスナップエンドウを一緒にゆでて、水気を切る
3. フライパンにオリーブ油を熱して、にんにくとベーコンを炒め、2を加えて軽く炒める
4. Aを混ぜ合わせ、3を加えてよく混ぜる
5. 水菜を敷いて4を盛り、黒こしょうを振りかける

* ヨーグルトを使うと、カロリーダウン。

ほうれん草のクリームスパゲティ

ほうれん草‥‥‥1/2束
スパゲティ‥‥‥200g
オリーブ油‥‥‥大さじ1
にんにく‥‥‥1片
ベーコン薄切り‥‥‥2枚
生クリーム‥‥‥1カップ
白ワイン‥‥‥大さじ2
塩‥‥‥小さじ1
黒こしょう‥‥‥適量
粉チーズ‥‥‥適量

1. スパゲティは塩大さじ1（分量外）を入れてゆで、ゆで上がり2分前に5cm長に切ったほうれん草を一緒にゆでて、水気を切る。
2. にんにくは薄切り、ベーコンは5cm長に切る
3. フライパンにオリーブ油を入れて、にんにくとベーコンを炒め、生クリームと白ワインを加えて少し詰める
4. 1と3を混ぜ合わせ、塩、黒こしょう、粉チーズを振る

936kcal/3.3g

753kcal/1.5g

ちくわカルボナーラ

ちくわ‥‥‥1本
オリーブ油‥‥‥大さじ1
にんにく‥‥‥1片
ぶなしめじ‥‥‥100g
ミニトマト‥‥‥2個
スパゲティ‥‥‥200g
パセリのみじん切り、黒粒こしょう‥‥‥‥適量

A カルボ液
卵‥‥‥2個
粉チーズ‥‥‥大さじ4

1. ちくわは半分を輪切り、もう半分を細切りにするにんにくはみじん切り、ぶなしめじはほぐす
2. フライパンにオリーブ油を熱し、1を炒める
3. スパゲティは塩大さじ1（分量外）を入れてゆで、水気を切ったら2に加え、半分に切ったミニトマトも一緒にさっと炒め合わせる
4. 混ぜ合わせたAに3を入れて絡め、パセリを散らし、黒こしょうを振る

635kcal/2.2g

トマトとオクラ、タコの和風冷製パスタ

トマト‥‥‥200g
オクラ‥‥‥3本
ボイルダコ‥‥‥100g
パプリカ‥‥‥1/4個
バジル or 大葉‥‥‥適量

A 調味料
オリーブ油‥‥‥大さじ2
レモン汁‥‥‥大さじ1
しょうゆ‥‥‥大さじ1
白すりごま‥‥‥大さじ1
にんにくのすりおろし‥‥‥小さじ1
塩、こしょう‥‥‥適量

カッペリーニ（細いパスタ）‥‥‥200g
オリーブ油‥‥‥大さじ1〜2
白すりごま‥‥‥お好みで

1　トマトは湯むきして2cm角、ゆでたオクラは4等分、タコは5mm幅、パプリカは千切りにする
2　1とちぎったバジル、Aを混ぜ合わせて冷やす
3　カッペリーニは塩大さじ1（分量外）を入れてゆでて冷水に取り、水気をよく切ってオリーブ油を絡め、2をかける

* パスタの代わりに小さく切ったフランスパンを入れるとサラダに。

519kcal/0.6g

ウニとじゃがいものスパゲティ

じゃがいも‥‥‥100g
スパゲティ‥‥‥100g
スパゲティのゆで汁‥‥‥25ml
バター‥‥‥10g
生クリーム‥‥‥1/2カップ
白ワイン‥‥‥大さじ1
ウニ‥‥‥50g
しょうゆ‥‥‥少々
大葉‥‥‥5〜6枚

1 じゃがいもは皮をむいて1cm角に切る
2 スパゲティは塩大さじ1（分量外）を入れてゆで、ゆで上がり3分前に1を一緒にゆでて水気を切る
3 フライパンにバター、生クリーム、白ワイン、ゆで汁を入れて煮詰め、ウニとしょうゆを入れる
4 3に水気を切った2を加えて全体を混ぜ合わせ、塩・こしょうで味を整え、千切りにした大葉を散らす

421kcal/2.5g

大根とたらこのスパゲティ

大根‥‥‥150g
スパゲティ‥‥‥150g
大根葉‥‥‥お好みで

Aたらこペースト
たらこ‥‥‥80g
マヨネーズ‥‥‥大さじ1
酒‥‥‥大さじ1
しょうゆ‥‥‥小さじ1/2
粉チーズ‥‥‥適量

1 大根は5mm角の拍子木切りにし、大根葉があれば細かく切る
2 スパゲティは塩大さじ1（分量外）を入れてゆで、ゆで上がり3分前に1を一緒にゆでて、水気を切る
3 Aをよく混ぜ合わせたら、2を入れて和える

きのこのミートソース

豚ひき肉‥‥200g
玉ねぎ‥‥1/4個
にんにく‥‥1片
ピーマン‥‥1個
オリーブ油‥‥大さじ1
エリンギ・えのきたけ・ぶなしめじ
‥‥‥‥250g
トマト‥‥200g
ミニトマト‥‥2個
スパゲティ‥‥200g

A 調味料
固形スープの素‥‥2個
しょうゆ‥‥大さじ1
塩‥‥小さじ1/2
こしょう‥‥適量
粉チーズ‥‥大さじ1

パセリ‥‥お好みで

1 玉ねぎ、ピーマン、にんにくはみじん切り、きのこ類は1cm角に切る。トマトは皮ごとすりおろす
2 フライパンにオリーブ油を熱して、にんにくと玉ねぎを炒め、玉ねぎがしんなりしたら、ピーマンとひき肉を加えて炒める
3 2にきのこ類を炒め合わせ、きのこのかさが減ってきたら、トマトとAを加える
4 汁気がなくなったら、半分に切ったミニトマトを加えてひと混ぜする
5 スパゲティは塩大さじ1（分量外）を入れてゆで、水気を切ったら、4をかける

750kcal/5.2g

そばペペロンチーノ

乾そば‥‥‥100g
オリーブ油‥‥‥大さじ1〜2
にんにく‥‥‥1片
生しいたけ‥‥‥2個
赤唐辛子‥‥‥適量
小松菜‥‥‥1/2束
めんつゆ（2倍濃縮）‥大さじ3〜4
かいわれ大根‥‥‥適量

1　にんにくはみじん切り、赤唐辛子は輪切り、しいたけは薄切り、小松菜は2cm長に切る
2　フライパンにオリーブ油を熱し、1を炒める
3　乾そばをゆでて水でもみ洗いし、水気を切る
4　2と3を混ぜ、めんつゆで味付けし、かいわれ大根を飾る

315kcal/2.6g

セロリのエスニック風焼きそば

セロリ‥‥‥2本
玉ねぎ‥‥‥1個
ウインナーソーセージ‥‥‥5〜6本
焼きそば‥‥‥2玉
ごま油‥‥‥大さじ2
ナンプラー‥‥‥小さじ4
塩・こしょう‥‥‥適量

1　セロリは硬い部分の皮をむいて斜め薄切り、玉ねぎは薄切り、ウインナーも斜め薄切りにする
2　フライパンにごま油の半量を熱し、焼きそばをほぐしながら入れて、焼き付けたら、半量のナンプラーで味を付け、取り出す
3　2のフライパンに残りのごま油を入れて1を炒め、残りのナンプラー、塩・こしょうで味を調えて、2の焼きそばにのせる

648kcal/3.2g

春巻きの皮で
キャベツカルツォーネ風

＜1人分＞
春巻きの皮‥‥‥1枚
卵‥‥‥1個
ハム‥‥‥1枚
キャベツ‥‥‥適量
ピザ用チーズ‥‥‥大さじ1
オリーブ油‥‥‥大さじ1
塩・こしょう‥‥‥適量

1 春巻きの皮をひし形に置き、半分より上に厚切りのハム、千切りしたキャベツとチーズを混ぜたもの、目玉焼きか温泉卵をのせ、塩・こしょうをする
2 1を手前から折りたたみ、皮が重なった部分を小麦粉（分量外）を水で溶いたのりでとめる
3 フライパンにオリーブ油を熱し、2を強火で両面をこんがりと焼く

281kcal/1.3g

パンコントマテ

フランスパン‥‥‥1/2本
完熟トマト‥‥‥1個
オリーブ油‥‥‥適量
塩‥‥‥適量

1 パンは大きいままオーブントースターに入れて、外はカリッと、中はしっとりするように焼いて、2cm厚に切る
2 トマトは横半分に切り、温かい1の表面に塗り付け、オリーブ油を多めにかけ、塩も振りかける

186kcal/0.7g

399kcal/1.9g

194kcal/1.3g

玉ねぎとツナのトースト

食パン‥‥2枚
玉ねぎ‥‥1/2個
ツナ缶‥‥1缶
マヨネーズ‥‥大さじ3
塩・こしょう‥‥適量
トマトのみじん切り‥‥お好みで

1　玉ねぎは薄切りにして、ツナ、マヨネーズと混ぜ合わせ、塩・こしょうで味を調える
2　食パンに1をのせ、オーブントースターで焼く

カレー風味のキャベツドッグ

キャベツ‥‥1/8個
バター‥‥5g
カレー粉‥‥小さじ1/2
塩・こしょう‥‥適量
バターロール‥‥2個
ソーセージ‥‥2本
ズッキーニ or きゅうり‥‥適量

1　フライパンにバターを熱し、千切りにしたキャベツを炒めて、塩・こしょう、カレー粉で味を付ける。同じフライパンでソーセージも焼く
2　バターロールは中央に切れ目を入れてバター(分量外)を塗り、キャベツとソーセージを挟み、オーブントースターで焼く
3　ズッキーニの薄切りを挟む

402kcal/3.5g

281kcal/1.5g

にらの海鮮チヂミ

A 生地
にら‥‥‥1/2 束
シーフードミックス‥‥‥100g
薄力粉‥‥‥70g
片栗粉‥‥‥30g
水‥‥‥100m
卵‥‥‥1個
塩‥‥‥少々
ごま油‥‥‥小さじ1

ごま油‥‥‥大さじ1＋大さじ1

B たれ
しょうゆ‥‥‥大さじ2
酢‥‥‥大さじ1
ごま油‥‥‥大さじ1/2
砂糖‥‥‥小さじ2

1. にらは1cm長に切り、A全部を混ぜ合わせる
2. フライパンにごま油大さじ1を熱し、1を流し込んでふたをして焼き、裏面が焼けたらひっくり返す
3. 2にごま油大さじ1をもう一度鍋肌から入れ、もう2回ひっくり返して、片面を2回ずつ焼く
4. Bを混ぜ合わせ、食べやすい大きさに切った3に付ける

大葉せんべい

大葉‥‥‥10枚

A せんべい生地
薄力粉‥‥‥1カップ
水‥‥‥140ml
みそ‥‥‥小さじ2
砂糖‥‥‥小さじ1

油‥‥‥大さじ1
酢じょうゆ‥‥‥お好みで

1. 大葉は全部千切りにしてAを混ぜ合わせ、30分寝かせる
2. フライパンに油を熱し、1を食べやすい大きさで並べ、両面をこんがり焼く

592kcal/2.7g

336kcal/1.7g

お好み焼き風もやし

もやし‥‥‥1袋
豚肉薄切り‥‥‥150g
小麦粉‥‥‥1カップ
水＋卵‥‥‥1カップ
塩・こしょう‥‥‥少々
油‥‥‥大さじ2
青のり‥‥‥適量

A たれ
ケチャップ‥‥‥大さじ2
ソース‥‥‥大さじ2
しょうゆ‥‥‥小さじ1
酢‥‥‥少々

1 豚肉は1cm幅に切り、もやし、小麦粉、卵、水を混ぜ合わせ、塩・こしょうする
2 フライパンに油を熱し、1を円形に入れたら、ふたをして両面焼く
3 Aは混ぜ合わせて、2に塗り、青のりをかける

大根もち

A もち
大根‥‥‥200g
片栗粉‥‥‥50g
上新粉‥‥‥50g
鶏がらスープの素‥‥‥小さじ1
長ねぎ‥‥‥1/2本
干エビ‥‥‥大さじ1
生しいたけ‥‥‥1個

ごま油‥‥‥大さじ2
酢、しょうゆ‥‥‥お好みで

1 大根は粗くすりおろし、長ねぎは輪切り、干エビは湯で戻してみじん切り、しいたけもみじん切りにする
2 Aを混ぜ合わせ、食べやすい大きさの円盤型にする
3 フライパンにごま油を熱し、2の両面をこんがり焼く

野菜索引

トマト
トマトステーキ‥‥‥6
トマトとブルーベリーの前菜ブルスケッタ‥‥‥38
ちくわ団子と野菜の串刺し‥‥‥53
ズッキーニのチーズ焼き‥‥‥59
れんこん麻婆豆腐‥‥‥72
ミニトマトのコンポート‥‥‥92
ホタルイカと春野菜マリネ‥‥‥95
セロリとタコのマリネ‥‥‥96
凍み豆腐のシーザー風‥‥‥98
きのこと豚肉の冷しゃぶサラダ‥‥‥99
トマトとブルーベリーのデザートブルスケッタ‥‥‥100
ちくわカルボナーラ‥‥‥113
トマトとオクラ、タコの和風冷製パスタ‥‥‥114
きのこのミートソース‥‥‥116
パンコントマテ‥‥‥118

ピーマン・パプリカ・ししとう
ブロッコリーの瞬間蒸し‥‥‥7
ピーマンのシラス炒め‥‥‥26
なすとピーマンの韓国炒め‥‥‥28
なすとししとうの炒め煮‥‥‥36
インディアンポテト‥‥‥37
ピーマンと鶏肉の照り焼き‥‥‥45
セロリの葉とスルメイカの炒め物‥‥‥53
ピーマンのコーンおから詰め焼き‥‥‥54
まるごとピーマンの肉詰め‥‥‥66
チンジャオ豆腐‥‥‥74
ピーマンのおかかしょうゆ‥‥‥93
玉ねぎと〆サバのマリネ‥‥‥94
白ワインマリネとカツオのたたき‥‥‥95
セロリとタコのマリネ‥‥‥96
トマトとオクラ、タコの和風冷製パスタ‥‥‥114
きのこのミートソース‥‥‥116

かぼちゃ
粉吹きかぼちゃ‥‥‥6
かぼちゃのコロコロサラダ‥‥‥86
大学かぼちゃ‥‥‥90
かぼちゃときのこのドリア‥‥‥107

にんじん

- にんじんのたらこ炒め‥‥‥9
- にんじんと卵のサラダ‥‥‥16
- にんじんのシンプルごま和え‥‥‥18
- ごぼうとにんじんのマヨネーズ炒め‥‥‥30
- 大根とにんじんの薄切り煮‥‥‥32
- 甘くないキンピラごぼう‥‥‥32
- にらと牛肉のスタミナ炒め‥‥‥42
- ピーマンと鶏肉の照り焼き‥‥‥45
- にんじんと春菊のピーナツ和え‥‥‥86
- 白菜の浅漬けサラダ‥‥‥89
- 長芋ポテトサラダ‥‥‥91
- 白ワインマリネとカツオのたたき‥‥‥95
- にんじんの炊き込みご飯‥‥‥106
- ちくわのちらしずし‥‥‥108

青菜

- 小松菜のシンプルきのこ炒め‥‥‥10
- きのこと菜花のサラダ‥‥‥15
- ほうれん草とツナのごま酢和え‥‥‥18
- 小松菜とちくわのわさび和え‥‥‥19
- 菜花と桜エビの春色炒め‥‥‥19
- 菜花とホタテのすし酢和え‥‥‥34
- なすの中華風春雨炒め‥‥‥51
- ほうれん草の彩りバター炒め‥‥‥55
- 小松菜とベーコンのミルク炒め‥‥‥55
- にんじんと春菊のピーナツ和え‥‥‥86
- 凍み豆腐のシーザー風‥‥‥98
- 翡翠飯‥‥‥105
- ほうれん草のクリームスパゲティ‥‥‥113
- そばペペロンチーノ‥‥‥117

にら

- にらとタコの辛子酢みそ和え‥‥‥35
- にらと牛肉のスタミナ炒め‥‥‥42
- れんこん餃子‥‥‥48
- にらのかき揚げ‥‥‥64
- カキの柳川風‥‥‥79
- にらごま尽くし‥‥‥93
- カニかまもやしの生春巻‥‥‥97
- にらの海鮮チヂミ‥‥‥120

ブロッコリー

- ブロッコリーの瞬間蒸し‥‥‥7
- ちくわ団子と野菜の串刺し‥‥‥53
- ブロッコリーのみそマヨグラタン‥‥‥58
- ブロッコリーとタコの辛子マヨネーズ‥‥‥97
- ブロッコリーとエビのペペロンチーノスパゲティ‥‥‥110

アスパラガス

- 焼きアスパラのごま和え‥‥‥20
- アスパラのにんにく炒め‥‥‥21
- 卵黄バターとアスパラソテー‥‥‥56
- アスパラガスと筍のキンピラ‥‥‥57

長ねぎ

- ねぎのいかだ焼き‥‥‥24
- 白髪ねぎとひたし豆の変わり和え‥‥‥34
- 凍み豆腐のハンバーグ‥‥‥44
- れんこん餃子‥‥‥48
- なすの中華風春雨炒め‥‥‥51
- 焼きねぎの卵黄バターがけ‥‥‥56
- 麻婆なす豆腐‥‥‥73
- ひらひら大根とブリの照り焼き‥‥‥78
- 水菜と豚バラのしゃぶしゃぶ‥‥‥82
- お好み焼き風キャベツサラダ‥‥‥98
- ちくわの卵チャーハン‥‥‥104
- 翡翠飯‥‥‥105
- かぼちゃときのこのドリア‥‥‥107
- 大根もち‥‥‥121

なす

- なすときゅうりのなめ茸和え‥‥‥19
- 焼きなすとヨーグルトソース‥‥‥25
- なすとピーマンの韓国炒め‥‥‥28
- なすとししとうの炒め煮‥‥‥36
- なすとコーンのレンジ肉団子‥‥‥50
- なすの中華風春雨炒め‥‥‥51
- なすとさつまいもの簡単チーズ焼き‥‥‥58
- 麻婆なす豆腐‥‥‥73

きゅうり
ちくわきゅうりと豆腐のポン酢がけ‥‥‥8
ポテチレタスサラダ‥‥‥13
なすときゅうりのなめ茸和え‥‥‥19
ちくわと長芋のたらこ和え‥‥‥20
きゅうりとアボカドのチーズ和え‥‥‥35
きゅうりと牛肉コンビ炒め‥‥‥43
長芋とハムのごまサラダ‥‥‥89
長芋ポテトサラダ‥‥‥91
叩ききゅうりの梅肉和え‥‥‥92
きゅうりとパインの唐辛子和え‥‥‥92
きゅうりとしょうがの浅漬け‥‥‥93
きゅうり軍艦のいろいろのせ‥‥‥109

玉ねぎ
オニオンツナの黄身のせ‥‥‥12
にんじんと卵のサラダ‥‥‥16
ズッキーニの油みそ‥‥‥31
じゃがいものチーズ煮込み‥‥‥70
きのこたっぷりビーフストロガノフ‥‥‥71
凍み豆腐ときのこの卵とじ‥‥‥76
玉ねぎと〆サバのマリネ‥‥‥94
白ワインマリネとカツオのたたき‥‥‥95
凍み豆腐のシーザー風‥‥‥98
きのこと豚肉の冷しゃぶサラダ‥‥‥99
きのこのミートソース‥‥‥116
セロリのエスニック風焼きそば‥‥‥117
玉ねぎとツナのトースト‥‥‥119

ズッキーニ
ズッキーニの生サラダ‥‥‥13
ズッキーニの油みそ‥‥‥31
ズッキーニのチーズ焼き‥‥‥59
ズッキーニのカレー粉揚げ‥‥‥64

れんこん
れんこん餃子‥‥‥48
れんこんとひき肉の挟み揚げ‥‥‥65
れんこん麻婆豆腐‥‥‥72
れんこんと水菜の辛子マヨネーズ‥‥‥87

大根
ブロッコリーの瞬間蒸し‥‥‥7
こんがり油揚げの大根おろしのせ‥‥‥10
大根とにんじんの薄切り煮‥‥‥32
ひらひら大根とブリの照り焼き‥‥‥78
ブリと大根のしゃぶしゃぶ鍋‥‥‥80
みそ味のブリ大根‥‥‥81
シラスと大根、押し麦のサラダ‥‥‥109
大根とたらこのスパゲティ‥‥‥115
大根もち‥‥‥121

キャベツ
やみつき胡麻キャベツ‥‥‥17
コンビーフキャベツ炒め‥‥‥28
キャベツと厚揚げのさっと煮‥‥‥33
れんこん餃子‥‥‥48
ハルピンキャベツ‥‥‥88
お好み焼き風キャベツサラダ‥‥‥98
春巻きの皮でキャベツカルツォーネ‥‥‥118
カレー風味のキャベツドッグ‥‥‥119

ごぼう
ごぼうとにんじんのマヨネーズ炒め‥‥‥30
甘くないキンピラごぼう‥‥‥32
牛肉とごぼうの煮物‥‥‥78
カキの柳川風‥‥‥79

レタス
ポテチレタスサラダ‥‥‥13
レタスと韓国のりサラダ‥‥‥21
肉巻きレタス‥‥‥45
レタスとエビの炒め物‥‥‥52
きのこと豚肉の冷しゃぶサラダ‥‥‥99
サバ缶とレタスのスパゲティ‥‥‥111

白菜

- 白菜と厚揚げのオイスターソース炒め‥‥‥29
- 白菜とベーコンの蒸し焼き‥‥‥36
- 白菜ボートのプルーン肉みそのせ‥‥‥39
- 白菜豚バラのミルフィーユ‥‥‥75
- 具だくさんのみぞれ餅煮込み‥‥‥83
- 白菜の浅漬けサラダ‥‥‥89

水菜

- 緑の生ハムロール‥‥‥11
- 水菜とえのきの温サラダ‥‥‥14
- シャキシャキ水菜と卵サラダ‥‥‥21
- 水菜と豚バラのしゃぶしゃぶ‥‥‥82
- れんこんと水菜の辛子マヨネーズ‥‥‥87
- スナップエンドウのカルボナーラ‥‥‥112

セロリ

- セロリのカリカリジャコ炒め‥‥‥26
- じゃがいもとセロリのシャキシャキ炒め‥‥‥31
- セロリと干し柿の前菜‥‥‥39
- セロリの肉みそ炒め‥‥‥47
- セロリの葉とスルメイカの炒め物‥‥‥53
- セロリの春巻き‥‥‥69
- 長芋とハムのごまサラダ‥‥‥89
- セロリと春雨のシンプルサラダ‥‥‥90
- 白ワインマリネとカツオのたたき‥‥‥95
- セロリとタコのマリネ‥‥‥96
- セロリのエスニック風焼きそば‥‥‥117

もやし

- もやしとえのきの中華和え‥‥‥14
- 豆もやしのナムル‥‥‥17
- もやしの中華あんかけ‥‥‥37
- カニかもやしの生春巻‥‥‥97
- もやしチャーハン‥‥‥105
- お好み焼き風もやし‥‥‥121

トウモロコシ・コーン

- なめ茸焼売‥‥‥49
- なすとコーンのレンジ肉団子‥‥‥50
- ピーマンのコーンおから詰め焼き‥‥‥54
- ほうれん草の彩りバター炒め‥‥‥55

その他の野菜

- 緑の生ハムロール (アボガド)‥‥‥11
- なすときゅうりのなめ茸和え (みょうが)‥‥‥19
- きゅうりとアボカドのチーズ和え (アボガド)‥‥‥35
- 鶏肉の大葉包み焼き (大葉)‥‥‥49
- れんこんと水菜の辛子マヨネーズ (ラディッシュ)‥‥‥87
- シラスと大根、押し麦のサラダ (大葉)‥‥‥109
- 大葉のペペロンチーノ (大葉)‥‥‥111
- トマトとオクラ、タコの和風冷製パスタ (オクラ)‥‥‥114
- ウニとじゃがいものスパゲティ (大葉)‥‥‥115
- 大葉せんべい (大葉)‥‥‥120

じゃがいも

- じゃがいもとセロリのシャキシャキ炒め‥‥‥31
- インディアンポテト‥‥‥37
- じゃがいものチーズ煮込み‥‥‥70
- カキとじゃがいものスキレット仕立て‥‥‥77
- じゃがいもとオレンジのイワシ缶サラダ‥‥‥101
- ウニとじゃがいものスパゲティ‥‥‥115

長芋

- ブロッコリーの瞬間蒸し‥‥‥7
- ちくわと長芋のたらこ和え‥‥‥20
- 長芋ステーキ‥‥‥27
- 長芋とハムのごまサラダ‥‥‥89
- 長芋ポテトサラダ‥‥‥91

さつまいも

- おさつとエリンギのガーリック炒め‥‥‥50
- なすとさつまいもの簡単チーズ焼き‥‥‥58

きのこ・なめ茸

ブロッコリーの瞬間蒸し‥‥‥7
きのことちくわの酒蒸し‥‥‥9
にんじんのたらこ炒め‥‥‥9
小松菜のシンプルきのこ炒め‥‥‥10
水菜とえのきの温サラダ‥‥‥14
もやしとえのきの中華和え‥‥‥14
きのことな菜花のサラダ‥‥‥15
なすときゅうりのなめ茸和え‥‥‥19
ぶなしめじと鶏ささみの辛子マヨネーズ和え‥‥‥34
にらとタコの辛子酢みそ和え‥‥‥35
タコライス風きのこの肉みそ‥‥‥46
なめ茸焼売‥‥‥49
おさつとエリンギのガーリック炒め‥‥‥50
レタスとエビの炒め物‥‥‥52
エリンギと鶏肉のコーラ煮‥‥‥67
なめ茸の春巻き‥‥‥69
きのこたっぷりビーフストロガノフ‥‥‥71
麻婆なす豆腐‥‥‥73
凍み豆腐ときのこの卵とじ‥‥‥76
具だくさんのみぞれ餅煮込み‥‥‥83
かぼちゃのコロコロサラダ‥‥‥86
きのこと豚肉の冷しゃぶサラダ‥‥‥99
かぼちゃときのこのドリア‥‥‥107
ちくわのちらしずし‥‥‥108
ちくわカルボナーラ‥‥‥113
きのこのミートソース‥‥‥116
そばペペロンチーノ‥‥‥117

山菜

アスパラガスと筍のキンピラ‥‥‥57
チンジャオ豆腐‥‥‥74
ホタルイカと春野菜マリネ‥‥‥95
シラスと大根、押し麦のサラダ‥‥‥109

豆 類

いんげんのごま和え‥‥‥18
いんげんのしょうが和え‥‥‥20
白髪ねぎとひたし豆の変わり和え‥‥‥34
キヌサヤのクリームチーズ和え‥‥‥35
トマトとブルーベリーの前菜ブルスケッタ‥‥‥38
タコライス風きのこの肉みそ‥‥‥46
ホタルイカと春野菜マリネ‥‥‥95
スナップエンドウのカルボナーラ‥‥‥112

果 物

トマトとブルーベリーの前菜ブルスケッタ‥‥‥38
白菜ボートのプルーン肉そのせ‥‥‥39
セロリと干し柿の前菜‥‥‥39
きゅうりとパインの唐辛子和え‥‥‥92
トマトとブルーベリーのデザートブルスケッタ‥‥‥100
じゃがいもとオレンジのイワシ缶サラダ‥‥‥101

あとがき

子どものころから、食卓にはあふれるような野菜のおかずがありました。
それは祖父や母が無農薬にこだわって作ってくれたもの。当たり前のように野菜をたっぷり食べて育ちました。
だから今でも、野菜が食卓にないと落ち着きません。野菜を食べていればゴキゲンです。

でも、料理を仕事にするようになってから、野菜料理の難しさをひしひしと感じるようになりました。
採りたての野菜は手をかけずにそのまま食べるのが一番おいしい。でも、できればそれと同じくらい、おいしい野菜レシピを考えたいと思うようになったからです。

野菜だけの料理は、食卓の主役になりにくいからこそ、簡単に作れることが一番です。肩肘張らず自然体、野菜の力を信じるような気持ちで、この本を作りました。

そんな野菜たちがより際立つように、自然光で料理の表情を撮影してくれたカメラマンの山田毅さん、シンプルながら料理の魅力を最大限に引き出してくれたデザイナーの宮原あやさん、そして、私自身のイメージチェンジになるような1冊に仕上げてくれた編集の山崎紀子さんに、感謝申し上げます。

肩肘はらず自然体。この本を手にとってくださった皆様も、ぜひそんな気持ちでたくさんの野菜を召し上がってくださいね。

クッキングコーディネーター　浜 このみ

浜 このみ
クッキングコーディネーター / konokono キッチンスタジオ主宰

新聞社勤務をへてフリーライターに。料理を松田幸子氏(松本市の中央クッキングスクール校長)に師事。料理取材、料理本の編集、コラム等を手掛け、食とメディアのコーディネートを中心に仕事の場を広げる。清泉女学院大学・短大のこども食堂「丘の上レストラン清泉」をコーディネート。NBS長野放送「土曜はこれダネッ!」レギュラーのほかテレビ番組、CM等に出演。「すみへいランチパーティーセミナー」など企業、団体との料理教室デモンストレーション、イベント、講演会の講師多数。著書に『いちどで覚える フライパンレシピ』『今晩のおかず365日』『旬をまるごといただきます』『信州の主婦が選んだ人気メニューベスト100』『地産地消でおいしいレシピ』(以上信濃毎日新聞社)がある。
塩尻市出身、長野市在住。

http:// hama-konomi.sun.bindcloud.jp/

konokono キッチンスタジオ
スタッフ	柄澤 千秋
	加藤 いずみ
	溝口 裕子
	村田 明美
栄養計算	上條 治子
料理撮影	山田 毅
ブックデザイン	宮原 あや
編集	山崎 紀子

このみのベジめし
2019年10月1日 初版発行

著者　浜 このみ
発行　信濃毎日新聞社
　　　〒380-8546 長野市南県町657
　　　TEL 026-236-3377　FAX 026-236-3096
　　　https://shop.shinmai.co.jp/books/
印刷所　株式会社 シナノパブリッシングプレス

© Konomi Hama 2019 Printed in Japan
ISBN978-4-7840-7353-5 C0077

定価はカバーに表示してあります。
乱丁・落丁本は送料弊社負担でお取り替えいたします。

本書のコピー、スキャン、デジタル化等の無断複製は著作権法上での例外を除き禁じられています。
本書を代行業者等の第三者に依頼してスキャンやデジタル化することは、たとえ個人や家庭内の利用でも著作権法上認められておりません。